TRINITY

Katharina Ceming
Christa Spannbauer

Der spirituelle Notfallkoffer

Erste Hilfe für die Seele

TRINITY

Haftungsausschluss
Die in diesem Buch vorgestellten Informationen sowie alle Techniken und Übungen sind nach bestem Wissen und Gewissen zusammengestellt und geprüft. Die Übungen haben sich in der Praxis als sicher und effektiv bewährt. Dennoch übernehmen weder die Autorinnen noch der Verlag und seine Beauftragten eine Haftung für Schäden irgendeiner Art, die sich direkt oder indirekt aus der Nutzung dieser Informationen, Techniken oder Übungen ergeben.

Die Übungen und Informationen in diesem Buch sind kein Ersatz für eine ärztliche, heilpraktische oder therapeutische Behandlung bei ernsthaften Beschwerden. Eine Haftung der Autorinnen bzw. des Verlages und seiner Beauftragten ist ausgeschlossen.

FSC
www.fsc.org
MIX
Papier aus verantwortungsvollen Quellen
FSC® C014889

Bildnachweis: Yogaübungen: © Heidemarie Vignati, München;
Icon: © Titima Ongkantong / Shutterstock.com;
Ornamente: © Transia Design / Shutterstock.com

Umschlaggestaltung: Favoritbuero, München, unter Verwendung
von Motiven von © Vectomart; Transia Design;
Titima Ongkantong / alle Shutterstock.com
Layout und Satz: BuchHaus Robert Gigler, München
Druck und Bindung: Pustet, Regensburg
ISBN 978-3-95550-097-9

www.trinity-verlag.de

Inhaltsverzeichnis

Ein Wort vorab

Sind Sie auf der Suche nach praxisnahen und konkreten Hilfestellungen, um Ihren Alltag besser zu bewältigen? Brauchen Sie einen nützlichen Begleiter in den schwierigen und stürmischen Zeiten des Lebens? Dann wird Ihnen dieser kleine spirituelle Notfallkoffer, den Sie immer bei sich tragen können, von großem Nutzen sein. In ihm finden Sie nicht nur jede Menge praktische Instrumente, wenn die Wogen im Alltag hochschlagen, er ist darüber hinaus angefüllt mit all dem, was wir täglich für unsere Lebensreise brauchen: Mut. Zuversicht. Vertrauen. Lebensfreude. Mitgefühl. Gelassenheit. Weisheit.

Dieses Buch bietet Ihnen neue Blickwinkel und Perspektiven, damit Sie den Herausforderungen des Lebens beherzt begegnen und Ihren Weg mit mehr Leichtigkeit, Zufriedenheit und Freude gehen können. Es zeigt, welches Potenzial für Transformation und Wachstum gerade in den Krisen des Lebens liegt, und möchte Sie darin bestärken, diese zuversichtlich zu meistern. Auf den nachfolgenden Seiten lautet die Frage daher nicht »Was fehlt mir?«, sondern der Fokus wird immer wieder gezielt auf die Fragen gerichtet: »Was unterstützt mich?« und »Was kann ich tun?«.

Die Weisheitstraditionen aus Ost und West, die dem Notfallkoffer zugrunde liegen, lehren uns, dass wir Problemen nicht einfach ausgeliefert sind, sondern das Werkzeug in uns tragen, um diese erkennen und im nächsten Schritt auch bewältigen zu können. Die Übungen und Meditationen, die der Notfallkoffer enthält, eröffnen den Zugang zu unseren inneren Kraftquellen und unterstützen uns darin, bislang ungenützte Ressourcen freizusetzen und zu aktiveren.

Manche Verletzungen und Probleme sind jedoch so tief greifend, dass sie mit keiner spirituellen Weisheit der Welt und keiner Meditation allein geheilt oder gelöst werden können. Ein Notfallkoffer ersetzt nicht immer den Arzt. Es gibt Verletzungen, die letztlich nur auf einer tieferen Ebene zu lösen sind. Scheuen Sie sich in diesem Fall nicht, sich in die Hände eines erfahrenen Therapeuten oder einer Selbsthilfegruppe zu begeben. Wir Autorinnen glauben an das Zusammenwirken von Spiritualität und Psychologie für ein gelingendes Leben. Spiritualität, wie wir sie leben und in diesem Buch vertreten, ist bodenständig und lebenspraktisch. Sie bewährt sich im Alltag und im täglichen Miteinander.

DIE INSTRUMENTE IHRES NOTFALLKOFFERS

Am Ende eines jeden Unterkapitels finden Sie immer zwei Übungen. Wir legen Ihnen deren Anwendung sehr ans Herz, da sie sich für die jeweiligen Problemfelder als hilfreich und stabilisierend erwiesen haben.

Da der Atem der verlässlichste Begleiter auf unserem Lebensweg ist, haben wir den Notfallkoffer gezielt mit wirksamen Atemübungen gefüllt. Wenn wir wissen, wie wir den Atem bewusst einsetzen können, kann er uns in stressigen und schwierigen Zeiten helfen, zur Ruhe zu kommen. Er trägt uns zuverlässig durch alle Widrigkeiten des Lebens und ist somit das grundlegende Instrument des spirituellen Notfallkoffers.

Angereichert ist dieser zudem mit einfachen, doch sehr wirksamen Körperübungen, insbesondere aus dem Yoga und dem Qigong. Mithilfe dieser Übungen speichern und verankern Sie neue und positive Gedanken und Gefühle im Körpergedächtnis. Bei Übungen, die einen etwas komplexeren Ablauf haben, finden Sie die Endhaltung in illustrierter Form.

Die Meditations- und Visualisierungsübungen entstammen der Achtsamkeitspraxis, dem Zen, der christlichen Kontemplation und der buddhistischen Praxis. Sie verleihen Ihnen Gelassenheit und innere Ruhe, denn alle lehren, im Augenblick zu leben, die Vergangenheit anzunehmen, ohne in ihr zu verharren, und der Zukunft positiv gestimmt entgegenzugehen.

WIE SIE MIT IHREM NOTFALLKOFFER UMGEHEN

Vielleicht lesen Sie das Buch zunächst von vorn bis hinten durch, vielleicht suchen Sie sich aber auch gezielt die Kapitel heraus, die jetzt gerade relevant für Sie sind und konzentrieren sich dann als »Erste-Hilfe-Maßnahme« auf die Übungen, die dort angeboten werden. Ganz egal, wie Sie vorgehen möchten, Sie werden sehen, dass alle Übungen praktisch, lebensnah und alltagstauglich sind. Es ist keine große Vorbereitung und kein Vorwissen erforderlich. Vielen dieser Übungen ist außerdem zu eigen, dass Sie diese auch unterwegs anwenden können, sodass Sie Ihren Notfallkoffer immer und überall öffnen können. Einige dieser Übungen werden Ihnen mühelos gelingen, bei anderen werden Sie vielleicht Schwierigkeiten haben oder innere Widerstände verspüren. Zwingen Sie sich zu nichts. Eine

Übung, die Sie ungern und halbherzig ausführen, wird Ihnen nicht viel bringen. Manche dieser Übungen werden Sie vielleicht einige Male in aktuellen Situationen durchführen und dann wieder vergessen. Andere hingegen werden Sie als so unterstützend und hilfreich erfahren, dass Sie diese in Ihr tägliches Übungsprogramm aufnehmen werden. Ja, wir empfehlen Ihnen eine regelmäßige Übungspraxis, da wir deren positive Wirkung in unserem eigenen Leben und dem anderer Menschen erfahren durften. Vielleicht entscheiden Sie sich für ein tägliches Ritual, eine Meditation, eine Yogaübung, ein Gebet, mit denen Sie den Tag beginnen und diesem gestärkt und gesammelt entgegengehen wollen. Möglicherweise schließen Sie den Tag mit einer Meditation oder einer Dankbarkeitsübung ab. Die Vielzahl der vorgestellten Übungen gewährleistet, dass Sie sich Ihr persönliches und stimmiges Übungsset selbst zusammenstellen und dieses immer wieder frei variieren können. Grundsätzlich ist das, was sich gut und stimmig anfühlt, in Ihrer momentanen Lebenssituation hilfreich.

Zur Vertiefung empfehlen wir Ihnen für jedes Kapitel eine Lektüre, die Sie bei der weiteren Auseinandersetzung mit dem Thema unterstützen kann.

Vielleicht lässt das Buch den Wunsch in Ihnen entstehen, sich intensiv auf einen spirituellen Weg zu begeben. Vielleicht hätten Sie hierfür gern Begleitung durch einen spirituellen Lehrer oder eine Lehrerin. Weiterführende Literatur von Weisheitslehrern aus den verschiedensten Traditionen finden Sie im Anhang. Und falls Sie durch dieses Buch neugierig geworden sind auf unsere Arbeit, finden Sie Informationen zu Vortrags- und Seminarangeboten auf unseren Websites.

Christa Spannbauer und Katharina Ceming

Wege zur inneren Balance

Mit schwierigen Gefühlen positiv umgehen

MANGELNDE SELBSTLIEBE
Wie ich gut zu mir selbst sein kann

Oft kämpfen wir uns durch den Alltag. Ohne Rücksicht auf uns selbst, auf unseren Körper, auf unsere Gefühle. Und wenn wir leiden, weil wir uns so unter Druck setzen, gehen wir meist nur noch rücksichtsloser mit uns um. Wenn wir spüren, dass uns etwas fehlt, glauben wir, dass wir uns nur noch nicht genügend angestrengt hätten, um zufrieden zu sein. Wenn uns ein Missgeschick widerfährt, dann tun wir höchst selten das Naheliegende – uns trösten und Mut zusprechen – sondern reagieren im Gegenteil mit harscher Selbstkritik.

Dabei wäre das Leben so viel angenehmer, wenn wir uns in schwierigen und schmerzhaften Situationen Selbstliebe entgegenbringen könnten. Wenn wir uns, anstatt uns anzuklagen und zu kritisieren, so behandeln würden, wie wir es mit geliebten Menschen tun. Die wir ganz selbstverständlich mitfühlend in den Arm nehmen und ermutigen. Warum geben wir uns nicht die Wärme und Zuneigung, die wir anderen, die wir leiden sehen, zeigen? Weshalb fällt es uns oft so schwer, uns selbst anzunehmen und zu lieben, so wie wir sind?

Meist ist der strenge Umgang mit uns selbst die Folge von Erziehung und dessen, was wir früh im Leben erfahren haben. Wir haben die Stimme unserer Eltern als Kontrollinstanz verinnerlicht, und zwar so tief, dass wir schließlich meinen, es handele sich um unsere eigene. Und immer noch hören wir auf diese Stimme, die uns schilt, straft, maßregelt, die uns dazu antreibt, ein anderer, ein »besserer« Mensch zu werden.

»Alle Liebe dieser Welt ist auf Eigenliebe gebaut«, erkannte Meister Eckhart, der große Mystiker des Christentums. Für einen frommen Mönch des Mittelalters war dies eine fast schon ketzerische Aussage. Denn während die Nächstenliebe in der christlichen Wertegesellschaft von jeher einen hohen Stellenwert genießt, haftet der Selbstliebe bis heute etwas von Egoismus und Eigennutz an – eine Annahme, die auch in spirituellen Kreisen weit verbreitet ist. Dass Selbstliebe mit Egoismus rein gar nichts zu tun hat, darauf wies der Psychologe Erich Fromm hin: »Es stimmt, dass selbstsüchtige Menschen unfähig sind, andere zu lieben. Sie sind jedoch genauso unfähig, sich selbst zu lieben.«

Gerade spirituelle Menschen glauben häufig, dass Selbstmitgefühl eine Art privater Kokon sei, der sie von anderen abschließe und selbstbezogen mache. Aktuelle Studien belegen jedoch genau das Gegenteil: Je warmherziger wir mit uns selbst umgehen, desto verbundener fühlen wir uns auch mit anderen Menschen.

Doch vielen Menschen fällt es schwer, freundlich mit sich selbst zu sein. Besonders dann, wenn sie in einer Umgebung aufwuchsen, in der Werte wie Erfolg und Arbeit wichtig waren und die Überzeugung dominierte, dass man hart zu sich selbst sein muss, wenn man etwas erreichen will. Obwohl ein gesellschaftlicher Wandel im Gang ist, erblicken viele Männer in Fürsorge und Sanftheit noch immer ein Zeichen von Schwäche. Und nach wie vor kümmern sich Frauen oft vorbildlich um alle anderen, versäumen es aber, gut für sich selbst zu sorgen. Solche Prägungen können das gesamte Berufs- und Privatleben von Menschen bestimmen. Denn sie fühlen sich bei dem Gedanken, sich selbst zu lieben, unbehaglich und fragen sich schuldbewusst, ob sie überhaupt das Recht dazu hätten, sich wichtig zu nehmen. Die Antwort lautet eindeutig »Ja« – wir sind wichtig! Sehr wichtig sogar! Das wird ganz deutlich, wenn Sie sich klarmachen, dass Sie der einzige Mensch auf der ganzen Welt sind, mit dem Sie Ihr gesamtes Leben verbringen werden. Vom Anfang bis zum Ende. Die amerikanische Familientherapeutin Virginia Satir fasste das Wesen der Selbstliebe in einem Satz zusammen: »Ich bin ich, nirgendwo gibt es jemanden, der genauso ist wie ich.« Wenn Sie Ihre Einzigartigkeit erkennen und begreifen, dass es keinen anderen Menschen auf der Welt gibt, der so ist wie Sie, dann machen Sie sich bereit, sich selbst anzunehmen. Und auch wenn uns Selbstliebe nicht mit der Muttermilch eingeflößt wurde und sie nicht Teil unserer Erziehung war, so können wir diese doch jederzeit lernen. Das ist die frohe Botschaft der Positiven Psychologie und der modernen Hirnforschung.

Beginnen Sie gleich heute damit! Üben Sie sich in Selbstfürsorge. Kultivieren Sie Freundlichkeit sich selbst gegenüber. Behandeln Sie sich selbst zuvorkommend und mit Wertschätzung. Sprechen Sie in freundlichem Tonfall mit sich selbst. Loben Sie sich, wenn etwas gut geklappt hat. Seien Sie sanft zu sich, wenn es mal nicht so toll lief. Gut für sich selbst sorgen zu können, macht Ihr Leben entspannter, hilft Ihnen in schwierigen Zeiten und bewahrt Sie davor, auszubrennen. Menschen, die sich etwas gönnen, sich selbst verwöhnen können, verfügen über weit mehr Ressourcen und Widerstandskräfte als Menschen, die sich immer antreiben und an der kurzen Leine halten.

Das können sehr einfache kleine Rituale sein. Tun Sie Dinge, die Ihren Körper entkrampfen und ihn weich werden lassen, atmen Sie sanft ein und aus, lassen Sie die Anspannung los. Alles, was dem Körper guttut, fördert das Selbstmitgefühl. Verwöhnen Sie sich mit einem heißen Bad, einem Saunagang, einer Massage. Eine sehr einfache und wissenschaftlich bestätigte Formel lautet: Warme Hände, warmes Herz! Wärme lässt die Liebe fließen. Sie können auch ganz bewusst Ihrem Herzen zulächeln. Das ist eine bewährte Methode aus dem Taoismus. Sie werden sehen: Ihr Herz freut sich!

Es hilft zu wissen, was einem guttut. Das vergessen wir häufig, da wir uns ständig im Funktionsmodus befinden. Halten Sie einmal kurz inne und fragen Sie sich: Was würde ich jetzt gerne machen? Was würde mir so richtig gefallen? Wenn Sie Zeit haben, nehmen Sie einen Stift zur Hand und erstellen eine Liste von all den Dingen, die Ihnen dabei in den Sinn kommen. Hängen Sie diese an einen Platz, wo sie gut zu sehen ist, damit sie auch im Alltagstrubel immer daran denken. Und dann setzen Sie mindestens eine Sache davon um!

Buchtipp: Christopher Germer. *Der achtsame Weg zur Selbstliebe.* Arbor, Freiburg 2010

Körperübung: Das Herz wärmen

Diese kleine Übung können Sie jederzeit und überall ausführen, wenn Sie spüren, dass Sie einen Schub an Selbstfürsorge benötigen.

- Legen Sie hierfür beide Hände auf Ihr Herz. Schließen Sie die Augen.
- Spüren Sie, wie die Wärme Ihrer Hände auf Ihr Herz ausstrahlt. Sagen Sie sich innerlich die folgenden Worte: »Ich liebe mich so, wie ich bin.«
- Bleiben Sie einige Zeit in dieser Übung und spüren Sie, wie sich Ihr ganzes Wesen mit sanfter Selbstliebe auflädt.

Wenn Sie den Satz nicht auf Anhieb mit Überzeugung sagen können, versuchen Sie es mit folgender Formulierung, die der buddhistischen Metta-Meditation entlehnt ist: »Möge ich mich selbst lieben.« Damit gestehen Sie sich ein, dass es noch nicht so weit ist, aber Sie lassen zumindest die Möglichkeit zu, dass es eines Tages so sein könnte, und wünschen sich das von Herzen. Und dann können Sie immer mal wieder ausprobieren, ob es mittlerweile auch mit dem ersten Satz besser klappt.

Imaginationsübung: Selbstliebe entwickeln – Freundschaft mit sich selbst schließen

Wir brauchen einen guten, warmherzigen und mitfühlenden Freund in unserem Leben. Doch kein Freund der Welt kann rund um die Uhr für uns da sein. Wäre es daher nicht wunderbar, wenn wir uns selbst eine warmherzige Freundin oder ein mitfühlender Freund sein könnten?

Mit dieser Übung können Sie die Selbstliebe fördern und Mitgefühl mit sich selbst entwickeln. Ziehen Sie sich dafür an einen ungestörten Ort zurück.

Schließen Sie die Augen und denken Sie an einen Menschen, der für Sie ein wirklich guter Freund bzw. eine gute Freundin ist. Was hat dieser Mensch Ihnen schon alles Gutes getan? Wie fühlt es sich an, einen Menschen im Leben zu wissen, der für einen da ist, in guten und in schlechten Zeiten; einen Menschen, der Ihre Schwächen und Schattenseiten kennt und Ihnen trotzdem liebevoll zugetan ist? Können Sie spüren, wie Ihr Herz ganz warm und weich wird? Wie geborgen und geliebt Sie sich fühlen?

Stellen Sie sich nun vor, dass Sie selbst dieser Mensch sind, der Ihnen von ganzem Herzen zugetan ist, der Ihnen liebevoll zur Seite steht, wo immer Sie sind und was immer Sie tun. Spüren Sie die Wärme und die Geborgenheit, die diese Freundschaft mit sich selbst in Ihnen auslöst. Genießen Sie die neu entdeckte Selbstliebe in vollen Zügen.

ÄNGSTLICHKEIT
Dem Tiger mutig ins Auge blicken

Es war einmal ein schmächtiger, schüchterner Mann, dem es schwerfiel, öffentlich seine Meinung zu äußern. Er empfand sich selbst alles andere als mutig. Wann immer er vor Menschen treten musste, fühlte er sich gehemmt. Nie sollte dieser Mann seine Schüchternheit ganz bezwingen. Doch mit seinem gewaltfreien Widerstand brachte er ein Weltreich ins Wanken und wurde unzähligen Menschen zum Vorbild für Mut und Zivilcourage. Sein Name war Mahatma Gandhi.

Um die eigene Angst und Verletzlichkeit zu wissen und doch beherzt zu handeln, das ist es, was mutige Menschen auszeichnet. Das Beispiel von Mahatma Gandhi macht deutlich, dass Angst und Mut auf das Engste miteinander verknüpft sind. Mut beweist sich nicht in der Abwesenheit von Angst, sondern vielmehr im Handeln trotz und mit der Angst. Was im Einzelfall der Auslöser von Angst ist, mag für jeden Menschen unterschiedlich sein (siehe auch Seite 45 und 70), letztlich jedoch geht es immer darum, dass wir uns ein Herz fassen und der eigenen Angst ins Auge blicken. Und dann genau das tun, was uns Beklemmung, Herzklopfen und feuchte Hände beschert. »Geh an die Orte, die du fürchtest«, rät die buddhistische Lehrerin Pema Chödrön in ihrem gleichnamigen Buch. Das ist die Feuerprobe des Herzens. Wer die riskante Reise ins Zentrum der Angst antritt, gilt zu Recht als Held oder Heldin.

Wenn wir es wagen, uns mit der Angst zu konfrontieren, erfahren wir unweigerlich das, was Dale Carnegie, der Begründer des Positiven Denkens, erkannte: »Tue das, was du fürchtest, und die Angst stirbt einen sicheren Tod.«

Mut können wir trainieren. Unser Alltag bietet uns hierfür zahllose Möglichkeiten. So wie Pfadfinder jeden Tag eine gute Tat tun, so können auch wir jeden Tag versuchen, unsere Angst zu besiegen. Wir müssen dabei ja nicht gleich die Erlangung des großen Tapferkeitsordens anstreben. Bereits durch kleine Mutproben wird der »Mutmuskel« trainiert. Dabei geht es weniger um Selbstüberwindung als vielmehr um Selbsterweiterung. Wir können üben, unsere eigenen Grenzen sanft zu dehnen und gleichsam tänzelnd zu überschreiten. Wie beim Körpertraining sind auch bei der Stärkung des »Mutmuskels« Ausdauer und Kontinuität von Vorteil. Suchen Sie nach Trainingsmöglichkeiten! Tun Sie etwas, das Ihnen schwerfällt: einen anderen Menschen um Hilfe bitten, für jemanden in die Bresche springen, für die eigene Meinung einstehen.

Ein kleiner Tipp: Verfassen Sie eine Liste Ihrer mutigen Handlungen. Oft gehen unsere Erfolge im Alltag unter, wenn wir sie uns nicht bewusst machen. Jede Hürde, die wir genommen haben, stärkt unser Vertrauen in uns und unseren Mut. So fällt es uns schließlich immer leichter, die eigenen Grenzen der Angst zu überwinden.

Nein, der Mut ist kein einfacher Weggefährte. Er fordert uns heraus, lässt uns keine Ruhe, zwingt uns hinzusehen, wo wir lieber wegschauen möchten, aufzustehen, wo wir lieber gemütlich sitzen bleiben würden. Er will immer wieder neu erobert werden und droht ständig damit, uns zu verlassen. Doch wir brauchen den unbequemen Gesellen. Denn nicht nur in Extremsituationen, sondern in unserem ganz normalen Alltag werden wir immer wieder mit Situationen konfrontiert, die couragiertes Handeln einfordern. Blicken wir weg oder mischen wir uns ein, wenn eine Frau belästigt, ein Kollege gemobbt, ein Kind geschlagen, ein Hund getreten wird? Um zivilcouragiert und aufrecht durch das Leben zu gehen, braucht es die Tapferkeit des Herzens.

Nur wenn wir bereit sind, die eigene Komfortzone immer wieder zu verlassen, und das tun, was wir bisher nicht gewagt haben, können wir unser Leben selbstverantwortlich gestalten. Besonders mutig ist hierbei der erste Schritt: Das Alte fällt weg, Gewohntes wird aufgegeben und der Ausgang ist fraglich. Gerade in unserer heutigen Sicherheitsgesellschaft fällt es schwer, die Angst vor dem Ungewissen und einem möglichen Scheitern zu überwinden. Wie viele mutige Pläne für ein freies und selbstbestimmtes Leben wurden diesem Sicherheitsdenken bereits geopfert? Wie viele kühne Lebensentwürfe wurden durch die warnenden Stimmen besorgter Freunde und Familienangehöriger im Keim erstickt? Wären wir nicht weit besser beraten, den Rat Goethes zu beherzigen, der einst sagte: »Was immer du glaubst, tun zu können, beginne es. Handeln enthält Magie, Anmut und Kraft«.

Der Verstand mag tausend vermeintlich gute Gründe dafür ins Feld führen, etwas nicht zu tun, nicht zu wagen, nicht zu riskieren. Doch letztlich gibt es keine Sicherheit im Leben. Wer diese Erkenntnis verinnerlicht hat, tut das, was im entscheidenden Moment zu tun ist und was er für richtig hält. Durch jede angenommene Herausforderung stärken wir unsere Persönlichkeit, jeder Sprung über den eigenen Schatten führt in eine größere Freiheit. Und selbst wenn es nicht so klappen sollte, wie wir es uns vorgestellt haben – es bleibt uns die Befriedigung, es zumindest versucht zu haben. Wer wagt, gewinnt immer etwas – in jedem Fall Lebenserfahrung.

Buchtipp: Pema Chödrön. *Geh an die Orte, die du fürchtest.* Arbor, Freiburg 2007

Yogaübung: Der Krieger

Diese Yogaübung verleiht Ihnen Kraft und Mut und fördert das Selbstbewusstsein. Die folgende Variante der Haltung ist auch für Yogaanfänger geeignet. »Der Krieger«, auch »Held« oder »Virabhadrasana« genannt, kräftigt den Körper und vermittelt auf geistiger Ebene Klarheit, Standhaftigkeit und positive Durchsetzungskraft. Begeben Sie sich in diese Haltung, wann immer Sie sich ängstlich fühlen und neuen Mut brauchen.

- Stellen Sie sich barfuß auf eine rutschfeste Matte und strecken Sie die Arme seitlich auf Schulterhöhe aus.

- Grätschen Sie die Beine so weit, dass die Fußgelenke in etwa auf Höhe der Handgelenke sind.
- Drehen Sie den rechten Fuß nach außen, sodass sich die Fersenmitte in einer Linie mit Ihrer linken Ferse befindet. Drehen Sie gleichzeitig den linken Fuß ein wenig nach innen.
- Nun beugen Sie beim Ausatmen das rechte Knie, bis es sich schließlich senkrecht über Ihrem Knöchel befindet. Achten Sie darauf, dass es gerade nach vorn weist.
- Das linke Bein bleibt dabei gestreckt, der linke Fuß fest auf den Boden gedrückt. Wenn das nicht möglich ist, verkürzen Sie die Schrittlänge einfach wieder ein wenig.
- Drehen Sie nun Ihre linke Hüfte nach rechts in Richtung Ihres gebeugtes Knies, so weit es Ihnen möglich ist. Achten Sie darauf, dass Ihr Oberkörper gerade aufgerichtet ist und die Arme gestreckt bleiben. Ihr Blick richtet sich in die Ferne.
- Spannen Sie Ihren gesamten Körper an und bleiben Sie etwa 5 Atemzüge in dieser Haltung. Bei jeder Ausatmung strecken Sie Ihre Arme noch ein klein wenig mehr in die Länge und gehen in den Beinen noch etwas tiefer nach unten.
- Strecken Sie schließlich das vordere Bein, drehen Sie Ihre Füße wieder in die Ausgangsposition und wiederholen Sie die Übung in die andere Richtung.
- Bleiben Sie danach einige Atemzüge in aufrechter Position stehen und fühlen Sie die neue Kraft, die durch Körper und Geist fließt.

Meditation: Stärkung des Chi

In der traditionellen chinesischen Medizin ist der Sitz unserer Lebenskraft (Chi) im Bauch, der daher als wichtigstes energetisches Zentrum des Körpers gilt. Angst weist auf eine Schwächung in unserem Lebenszentrum hin. Das Nabelchakra spielt somit als Generator und Speicher für die Lebenskraft eine zentrale Rolle. Mit der folgenden Übung können Sie dieses effektiv stärken.

Setzen Sie sich hierfür aufrecht hin (ob auf ein Meditationskissen, ein -bänkchen oder einen Stuhl entscheiden Sie), schließen Sie die Augen und atmen Sie einige Male ruhig ein und aus. Stellen Sie sich vor, dass Sie mit der Erde verbunden sind und dass Sie wie ein Baum Ihre Wurzeln vom Steißbein oder den Füßen aus tief in die Erde graben. Spüren Sie den Halt, der Ihnen daraus erwächst.

Visualisieren Sie nun vor Ihrem inneren Auge eine große goldene Lichtkugel, die wie die Sonne Energie ausstrahlt. Atmen Sie mit jedem Atemzug deren Licht in Ihr Nabelchakra hinein. Spüren Sie, wie sich das Licht in Ihrem Bauch mit jedem Atemzug weiter ausdehnt und sich in Ihrem Bauch eine eigene goldene Lichtkugel bildet. Es ist, als hätten Sie eine wärmende Sonne als Energiezentrum im Bauch. Spüren Sie, wie mit jedem Atemzug stärkendes Licht ein- und ausströmt.

Wenn Sie sich von neuer Kraft erfüllt fühlen, schließen Sie die Meditation ab, indem Sie beide Hände auf Ihren Bauch legen und im Uhrzeigersinn 30 Mal kreisförmig um den Nabel reiben. Damit sammeln und speichern Sie das in der Meditation angereicherte Chi.

EIFERSUCHT
Wie Vertrauen und Freiheit wachsen

Wir müssen uns in der *Kunst des Liebens* schulen, forderte der Philosoph Erich Fromm bereits vor mehr als 50 Jahren in seinem gleichnamigen Weltbestseller. Ist es doch die Liebe, die uns zum wahren Selbst führt, die Mauern einreißt, die Trennungen überwindet und uns schließlich unsere Bestimmung in der Welt erkennen lässt. Aber seien wir ehrlich: Was die Liebe anbelangt, können wir noch einiges lernen. Wir erwarten viel von ihr und wissen wenig über sie. Zugleich waren die Erwartungen, die an sie herangetragen werden, noch nie so groß wie heutzutage. Nahezu Unmögliches soll sie leisten: Unendliche Glücksgefühle, emotionale Geborgenheit und ewige Lust möchten wir durch sie erfahren. Im Partner wird nicht nur die Erfüllung der Liebe, sondern auch die Sinnerfüllung des eigenen Lebens ersehnt.

Kein Wunder also, dass wir so eifrig und eifersüchtig über unsere Liebe und das Herz des geliebten Menschen wachen, dass wir die Liebe wie einen wertvollen Besitz behandeln, den wir keinesfalls verlieren wollen. Insgeheim glauben doch die meisten von uns, dass der andere ganz allein ihnen gehört, und hoffen darauf, dass er bis ans Ende aller Tage treu an ihrer Seite steht. Und so stecken wir einander in eine »Beziehungskiste« und wehe der Partner wagt es, aus dieser herauszulugen oder gar herauszuspringen! Wir machen die Liebe zum Tauschgeschäft: »Wenn du mich liebst, dann liebe ich dich auch«. Ein solches Denken entspricht jedoch nicht dem Wesen der Liebe. Denn Liebe stellt keine Bedingungen. Sie verschenkt sich vorbehaltlos. Sie ist ein Kind der Freiheit. Und als ein solches scheut sie die Enge. Sie entflieht, wenn wir festklammern.

In geradezu kindlicher Selbstbezogenheit glauben wir immer noch, dass es in der Liebe in erster Linie darum ginge, geliebt zu werden. Doch die Liebe ist eine Aktivität, die im Geben ihre Erfüllung findet. Im Verschenken der Liebe erlebt sich der Mensch als überströmend, lebendig und mit dem Strom des Lebens verbunden. Wer sich einem anderen Menschen hingeben kann, wer bereit ist, sich im anderen zu verlieren, um sich selbst zu finden, taucht ein in das Mysterium der Liebe.

Damit aber fordert die Liebe das ein, was uns Menschen so schrecklich schwerfällt: das Loslassen. »Was du liebst, lass frei«, verlangte bereits der weise Konfuzius vor 2500 Jahren. Das ist leichter gesagt als getan. Denn wer kennt nicht den Wunsch, den geliebten Menschen festzuhalten? Und wer kennt nicht die Furcht vor Verlust, das heiße Gefühl der Eifersucht, den Riss im Herzen, den Taumel, die Panik? Eifersucht ist ein zutiefst menschliches Gefühl, dem jeder Liebende über kurz oder lang begegnet, und das in einer grundlegenden Illusion wurzelt: der Annahme, wir könnten einen anderen Menschen besitzen.

Wen die Eifersucht in die Fänge bekommt, den quält und zermürbt sie, dem raubt sie den Schlaf und manchmal fast den Verstand. Sie ist eine harte Herausforderung für alle Liebenden und kann, wenn sie nicht gezügelt wird, durchaus die Liebe zerstören. Ebenso kann sie aber auch zur Lehrmeisterin werden, wenn wir uns ihr achtsam und mit respektvollem Interesse nähern. Wenn wir sie ehrlich befragen, worauf sie uns hinweisen und was sie uns lehren will. Dann bietet sie eine einzigartige Chance zur Selbsterkenntnis. Mehr noch: Sie kann uns Selbstvertrauen und Selbstliebe lehren.

Denn das fehlende Vertrauen in den anderen weist in erster Linie auf mangelndes Selbstvertrauen hin. Hinter der Verlustangst lässt sich ein schmerzhaft gefühlter Mangel entdecken. Die Gründe hierfür sind in frühen Bindungs- und Beziehungsverletzungen zu finden. Wenn die wichtigsten Bezugspersonen uns schon im Kleinkindalter weisgemacht haben, dass wir so, wie wir sind, nicht liebenswert, nicht gut genug seien, dann sitzen diese Verletzungen tief und schmerzen noch heute. Doch sie wollen erkannt und geheilt werden.

Verurteilen Sie sich daher nicht für Ihre Eifersucht. Tun Sie sich lieber etwas Gutes. Seien Sie sanft und rücksichtsvoll zu sich selbst. Wenn die Eifersucht im eigenen Leben aufflammt, ist dies immer eine gute Gelegenheit, am Vertrauen zu arbeiten – Vertrauen in sich selbst und in den anderen. Und der erste Schritt hierfür ist die Selbstfürsorge. Vielleicht lesen Sie auch noch einmal das Kapitel »Mangelnde Selbstliebe« und führen die dort empfohlenen Übungen durch.

Ein spiritueller Weg kann uns entscheidend darin unterstützen, Vertrauen zu erlangen. Denn ebenso wie in der Liebe geht es in der Spiritualität um Entwicklung, Wachstum und Transformation. Der spirituelle Weg trägt dazu bei, dass der Sinn des eigenen Lebens nicht im Partner gesucht werden muss, da man sich in einem weitaus Größeren geborgen und aufgehoben weiß. Dies stärkt das Selbstvertrauen und eröffnet der Freiheit mehr Raum in der Beziehung.

Ja, wir brauchen neue Visionen der Liebe. Es ist an der Zeit, sie aus der Enge zu befreien, in die wir sie hineingetrieben haben. Denn die Liebe ist seit jeher größer als der Einzelne oder das Paar. Ihr ist es gänzlich fremd, sich in der Zweisamkeit zu verbarrikadieren. Miteinander und aneinander wachsen Liebende und reifen hinein in eine größere Liebe. Wenn wir wahrhaft lieben, sind wir frei. »Liebe und tue, was du willst«, konnte deshalb der Kirchenvater Augustinus sagen. Dies war nicht als Aufruf zu hemmungslosem Egoismus gemeint, sondern ist Ausdruck des bedingungslosen Vertrauens in die Kraft der Liebe. Einer Liebe, in der die Partnerschaft zur Keimzelle einer freien Gesellschaft wird. Einer Liebe, die nicht eifersüchtig über das Herz des anderen wacht, sondern dieses öffnet für die Welt. »Wenn ich einen Menschen wahrhaft liebe, so liebe ich alle Menschen, so liebe ich die Welt, so liebe ich das Leben. Wenn ich zu einem anderen sagen kann: ›Ich liebe dich‹, muss ich auch sagen können: ›Ich liebe in dir auch alle anderen, ich liebe durch dich die ganze Welt, ich liebe in dir auch mich selbst‹«, erkannte Erich Fromm. So betrachtet kann uns die Eifersucht den Weg weisen zur größten Liebesbeziehung unseres Lebens, die den meisten von uns noch bevorsteht – die Liebe zu sich selbst.

Buchtipp: Wilfried Reuter. *Zusammen aufwachen. Buddhistische Weisheit für glückliche Beziehungen*. Edition Steinrich, Berlin 2013

Körperübung: Dem Herzen zulächeln

Dies ist eine einfache und zugleich sehr heilsame Übung aus dem Taoismus. Da quälende Gefühle wie Eifersucht unser Herz schwächen und ihm Wärme und Vitalität rauben, ist es wichtig, dass wir diesem wieder Energie und Kraft zuführen. Diese kleine Übung kann immer und überall praktiziert werden.

- Schließen Sie hierfür die Augen und visualisieren Sie Ihr Herz.
- Nun lächeln Sie diesem zu. Spüren Sie, wie die warme Energie des Lächelns sich in Ihrem Herzen ausbreitet.

Wenn Sie sich selbst zulächeln, dann hat dies eine sehr heilende Wirkung, selbst wenn es zunächst ein erzwungenes Lächeln ist. Allein die Tatsache, dass Ihre Mundwinkel nach oben wandern, löst im Gehirn den Impuls aus, Glückshormone auszuschütten. Ein echtes, warmherziges Lächeln entspannt zugleich unzählige Muskeln in Ihrem Gesicht. Probieren Sie es aus, Sie werden, selbst wenn es anfänglich schwerfällt, rasch spüren, wie Ihr Herz unter Ihrem Lächeln aufblüht, wie es sich mit Wärme und Freude füllt. Vielleicht intensivieren Sie dieses Gefühl noch, indem Sie sich an ein glückliches Liebeserlebnis erinnern und dieses tief in Ihrem Herzen auskosten. Lächeln Sie! Und lächeln Sie Ihrem Herzen so lange zu, bis es zurücklächelt! Sie werden feststellen, dass mit einem lächelnden Herzen die Eifersucht viel von ihrem Schrecken verliert.

Heilritual: Die Eifersucht zum Verbündeten machen

Bei dieser Übung handelt es sich um eine alte buddhistische Heilmethode. Anstatt unsere Energie damit zu verschwenden,

den »Dämon« der Eifersucht in uns vertreiben zu wollen und die damit zusammenhängenden Probleme zu verdrängen, wenden wir uns diesem liebevoll zu und füttern ihn. Indem wir ihn ganz und gar zufriedenstellen, wird er schließlich zu unserem Verbündeten. Lassen Sie sich nicht entmutigen, wenn das Heilritual nicht auf Anhieb gelingt, bleiben Sie einfach weiter dran und wiederholen Sie diese Übung mehrere Tage hintereinander.

Ziehen Sie sich nun an einen ungestörten und kraftvollen Ort zur Meditation zurück. Nehmen Sie Kontakt mit dem Gefühl der Eifersucht auf. Wie fühlt sich die Eifersucht an? Wo hat sie ihren Sitz im Körper? Wie sieht sie aus? Lassen Sie die Eifersucht vor Ihrem inneren Auge Gestalt annehmen. Visualisieren Sie diese als lebendiges Wesen, das nun wie ein Dämon aus Ihnen heraustritt und Ihnen gegenübersteht. Fragen Sie diesen von Angesicht zu Angesicht: Was willst du von mir? Hören Sie gut zu, was er Ihnen zu sagen hat. Gut möglich, dass er sich nach Liebe, Aufmerksamkeit und Zuneigung sehnt, dass er gesehen und anerkannt werden will. Seien Sie freundlich zu ihm und stellen Sie sich vor, wie Sie ihn mit all dem füttern, was er von Ihnen möchte, so lange, bis er ganz und gar satt ist. Sie können mitansehen, wie seine Gestalt sich verändert und wie er sich von einem Dämon allmählich zu einem Daimon – Ihrem Schutzgeist – verwandelt. Nun können Sie ihn um Hilfe bitten und ihm Aufgaben übertragen. Vielleicht wünschen Sie sich von ihm, dass er Sie in Zukunft vor der Angst beschützt, dass Sie nicht liebenswert genug seien und andere attraktiver seien als Sie. Lassen Sie Ihren neuen Schutzgeist nun als einen Teil von sich in Ihren Körper zurückkehren und spüren Sie fortan dessen Verbundenheit in Ihrem Leben.

ZORN
Zur Sanftmut finden

»Besser ein sanftmütiger Weltling als ein zorniger Mönch«, verkündete vor 1600 Jahren in Ägyptens Wüste einer der größten christlichen Seelsorger und spirituellen Lehrer, Evagrius Ponticus. Mit dieser Ansicht stand er nicht allein da, denn die ersten christlichen Mönche hielten allesamt den Zorn für ein echtes Übel, das es zu bekämpfen gilt.

Und schon regt sich vielleicht in Ihrem Magen ein erstes wütendes Zucken. »Was soll die ewige Sanfttuerei, manchmal muss man eben auf den Tisch hauen und lauter werden, die anderen dürfen ruhig wissen, dass ich richtig sauer bin«, schießt Ihnen möglicherweise gerade durch den Sinn. In der Tat, manchmal ist es notwendig, seine Meinung unmissverständlich kundzutun, auch wenn die anderen davon nicht begeistert sind. In der religiösen Tradition hat sich dafür sogar ein eigener Begriff etabliert: der heilige Zorn. Wer angesichts von Leid und Unrecht in Zorn gerät, ist in der Regel davon nicht nur berührt, sondern auch bereit, gegen das Unrecht anzugehen. Wer wütend ist, zeigt, dass ihm etwas wichtig ist. Hinter der Wut verbirgt sich das Bedürfnis nach Veränderung. Wut kann auch auftauchen, wenn jemand Grenzen, die wir zum Selbstschutz gezogen haben, verletzt oder überschreitet. Diese Wut sollten wir nicht verdrängen, denn sie ist ein wichtiges Signal für uns. Wir sollten also unseren Zorn nicht gleich abqualifizieren, denn in ihm steckt durchaus eine mächtige Kraft und Energie, die, wenn sie in die rechten Bahnen gelenkt wird, von Nutzen sein kann.

Doch es gibt nicht nur den heiligen Zorn oder die schützende Wut, sondern auch die unkontrollierte, aggressive Wut, den rasenden Zorn. Wer mehrmals in der Woche mit hochrotem Kopf brüllend im Büro oder zu Hause herumrennt, hat eindeutig noch keine Strategie gefunden, gut mit Konflikten, nicht erfüllten Erwartungen und Misserfolgen umzugehen. Es gibt mitunter spirituelle Lehrer, die dazu auffordern, auch diesen Zorn bedingungslos zu akzeptieren, weil er Teil unserer Wirklichkeit sei und daher nicht verdrängt werden dürfe. Wenn wir dieses Zornausleben jedoch praktizieren, trifft unsere Wut meist unsere Mitmenschen. Und verletzt diese. Angesichts eines Menschen, der außer sich vor Zorn ist, treten die meisten von uns instinktiv zurück und suchen Deckung. Niemand ist gern mit einem aggressiven Menschen zusammen. Allein schon aus diesem Grund sollten wir andere, heilsame Umgangsstrategien mit der Wut entwickeln.

Wir wissen heute aus der Hirnforschung, dass es nicht ratsam ist, immer spontan richtig Dampf abzulassen. Mit allem, was wir tun, legen wir Spuren im Gehirn an, die eingeschliffen werden, je öfter wir ein bestimmtes Verhalten wiederholen. Wut- und Zornausbrüche können so zu Verhaltensmustern werden. Der Zornige konditioniert sich somit immer stärker zu jemandem, der dauernd zornig ist. Und dieser negative Zorn schadet ihm selbst. »Wenn du einen anderen zu tadeln hast und dabei in Zorn gerätst, dann befriedigst du deine eigene Leidenschaft. Statt dass du andere rettest, verdirbst du dich selbst«, sagten die Wüstenväter. Zwar wussten die wackeren Wüsteneremiten von den Ergebnissen der modernen Hirnforschung noch gar nichts. Dennoch galt bei ihnen die Devise, den Zorn, so er einen überfällt, niemals in den nächsten Tag hinüberzunehmen, da er immer zerstörerischer wird, je länger wir ihn in uns tragen. Der Zorn verhindert, dass wir bei uns selbst sind, weil er uns ganz in Besitz nimmt. In der Erregung, der äußersten Wut, sind wir unfähig, einen klaren Gedanken zu fassen. Wir werden von einer Kraft getrieben, die wir nicht kontrollieren können. Das Loslassen der Wut gelingt aber nur, wenn wir bereit sind, die zornerfüllten Gedanken und Emotionen nicht unablässig vor unserem inneren Auge lebendig werden zu lassen.

Das therapeutische Mittel schlechthin gegen den Zorn ist das Kultivieren der Sanftmut. Einer Sanftmut, die nicht Ausdruck von Konfliktscheu, sondern von einer tiefen inneren Stärke ist. Seinen Zorn einfach hinunterzuschlucken oder wie ein Schaf alles über sich ergehen zu lassen, ist kein Zeichen dieser Sanftmut. Gerade in spirituellen Kreisen, wo Sanftmut und Gelassenheit hohe Ideale sind, neigen Menschen dazu, ihren Zorn nur zu unterdrücken oder noch schlimmer, gänzlich zu ignorieren und sich das Mäntelchen der Sanftheit überzustülpen. Frauen scheinen hierfür noch anfälliger zu sein als Männer. Wer jedoch mit dem Zorn auf solche Weise umgeht, tut sich keinen Gefallen, denn dieser findet ganz sicher einen anderen Weg, sich zu kanalisieren. Um ihn loszuwerden, bedarf es mehr als ein paar frommer spiritueller selbsthypnotischer Ansagen, wie »ich bin innerlich ruhig und gelassen«. Wir müssen den Zorn transformieren. Und das gelingt uns am besten, indem wir ihn zunächst ernst nehmen und anschauen, woraus er erwächst.

Zorn oder Wut entstehen, wenn unsere Erwartungen, die wir an Menschen oder Ereignisse haben, enttäuscht werden. Auch Erwartungen, die wir an uns selbst richten und die wir nicht erfüllen können, führen neben Enttäuschung häufig zu Wut und Zorn. Um hier eine Veränderung zu erzielen, ist es notwendig, unsere Erwartungshaltung zu verändern. Wir sollten zunächst verstehen lernen, dass sich die Welt nicht nach unseren Vorstellungen richtet. Wenn sich Erwartungen nicht erfüllen, dann brauchen wir das nicht als persönliche Kränkung aufzufassen. Solange wir das tun, hat der Zorn ein leichtes Spiel. Wenn es uns hingegen gelingt, uns von Erwartungen frei zu machen und offen zu sein für das, was der Augenblick bringt oder die Situation erfordert, dann werden wir nicht persönlich enttäuscht und können angemessen reagieren. Dieses innere Freisein von vorgefassten Konzepten und Bildern war für die Wüstenväter das Fundament von wahrer Sanftmut. Freisein heißt, unsere Vorstellungen als veränderbar zu erkennen und sie auch tatsächlich zu verändern, wenn es an der Zeit dafür ist. Wer diese Fähigkeit entwickelt, kann sich dem Fluss des Lebens anvertrauen, ohne Angst davor zu haben, die Orientierung zu verlieren.

Buchtipp: Thich Nhat Hanh. *Ärger. Befreiung aus dem Teufelskreis destruktiver Emotionen.* Goldmann, München 2007

Atemübung: Dampf ablassen

Über die verlangsamte und tiefe Atmung senden Sie Ihrem Gehirn die Information, dass Ihr Körper aus seinem erhöhten Spannungsmodus wieder aussteigen kann. Damit kann sich die Wut in Ihrem Inneren legen, und Sie kommen wieder etwas zur Ruhe.

- Atmen Sie einige Male tief ein und aus.
- Um dabei den inneren Druck loszuwerden, lassen Sie beim Ausatmen mit leicht geöffnetem Mund die Luft wie ein Dampfkessel ausströmen.
- Wiederholen Sie diese Übung ein paar Minuten lang.

Imaginationsübung: Wut in positive Energie umwandeln

Wut ist eine mächtige Energie. Doch wir sind ihr nicht ausgeliefert. Wir können diese Energie nutzen und sie gezielt in etwas Positives umwandeln. Wenn Sie wütend sind, dann nehmen Sie den Druck und die Anspannung wahr, die Ihre Wut im Körper erzeugt.

Stellen Sie sich diese kraftvolle Energie, die Sie in sich fühlen, als Licht oder Wärme vor. Lassen Sie das Licht bzw. die Wärme durch Ihren Körper strömen. Spüren Sie, wie aus der Wut neue Energie entsteht. Sie können diese Umwandlung zunächst einüben, indem Sie sich in eine Meditationshaltung begeben und sich dann auf ein Ereignis konzentrieren, das Sie richtig wütend hat werden lassen. Wenn Sie mit der Übung vertraut sind, können Sie diese jederzeit im Alltag einsetzen, sobald Sie die heiße Energie des Zorns in sich aufsteigen fühlen.

EINSAMKEIT
Auf dem Weg zur Verbundenheit

Seit fast 20 Jahren lebt er allein in einer kleinen Hütte im Koblenzer Wald. Hier, in der Abgeschiedenheit, fand Pater Wolfgang zu seiner Lebensaufgabe: Gott zu dienen im stillen Gebet. Für die meisten von uns ein unvorstellbares und kaum erstrebenswertes Leben. Doch wie kommt es, dass der Mönch in seiner Einsiedelei nicht an dem leidet, wovon wir inmitten des Trubels der Welt so oft heimgesucht werden? Denn einsam, so sagt er, fühle er sich nie, schließlich befinde er sich in einem ständigen Dialog mit Gott und wisse sich eingebunden in die Gemeinschaft der Heiligen und der Engel. Ist es das, was uns verloren gegangen ist? Das Wissen, mit etwas Größerem verbunden zu sein?

Genau darin liegt ja die Tragödie des modernen Menschen: dass er sich als getrennt von der Welt erlebt. Und wer kennt sie nicht, diese verstörende Erfahrung, unter Menschen zu sein und sich gänzlich allein zu fühlen? Dabei bestätigt die Wissenschaft, was die Weisheitslehrer aus Ost und West immer schon wussten: Es gibt keine Trennung zwischen uns und der Welt. Alles ist mit allem verbunden. Die Welt enthüllt sich als ein Lebensnetz, aus dem nichts und niemand herausfallen kann. Jede Trennung, so erklärt uns die buddhistische Philosophie, ist nur eine Illusion des Geistes. Doch weshalb fühlen wir uns in einer Welt, in der alles miteinander in Beziehung steht, trotzdem so oft abgeschnitten von allem?

Alleinsein ist ein Zustand, Einsamkeit ist ein Gefühl. Und ein Gefühl kann – je nach Gemütslage und Situation – ganz unterschiedlich wahrgenommen werden. Die selbst gewählte Einsamkeit, die wir uns in Form von Auszeiten nehmen, erleben wir als stärkend und bereichernd, die ungewollte Einsamkeit hingegen als schmerzhaft. Wir fühlen uns mutterseelenallein und von Gott und der Welt verlassen. Als Gemeinschaftswesen, die wir nun einmal sind, leiden wir, wenn wir uns aus der Gruppe ausgeschlossen fühlen. Die Hirnforschung hat nachgewiesen, dass Isolation das Schmerzzentrum im Hirn aktiviert und Schmerzen großer Intensität auslöst. Spätestens wenn Sie an diesem Punkt angelangt sind, gibt es nur noch eins: Heraus aus der Isolation! Greifen Sie zum Telefonhörer. Öffnen Sie Ihre Mailbox. Gehen Sie unter Menschen. Teilen Sie Ihre Gefühle mit anderen. Das Gefühl der Einsamkeit weicht in dem Moment von Ihnen, in dem Sie es mit einem anderen teilen. Sollte gerade niemand erreichbar sein, dann suchen Sie sich professionelle Unterstützung. Therapeuten, Krisentelefone und Lebensberater sind schließlich dazu da, um uns in schwierigen Zeiten zur Seite zu stehen.

Unsere innere Vereinsamung hat offensichtlich mit einem fatalen und gleichermaßen falschen Weltbild zu tun. Sie ist der Preis für den krassen Individualismus, dem wir in der westlichen Welt huldigen, die Folge eines verinnerlichten Konkurrenzdenkens, dem der Eigennutz mehr gilt als das Gemeinwohl. Was wir dringend brauchen ist ein neues Weltbild der Verbundenheit, eine Ethik der Kooperation und Solidarität, eine spirituelle Ausrichtung auf Nächstenliebe und Mitgefühl. Wer sich in die Welt eingebunden fühlt und aufgehoben in einem größeren Zusammenhang, spürt die vibrierende Lebensenergie, die durch alles strömt und alle Lebewesen miteinander verbindet. Nichts und niemand in dieser Welt existiert alleine oder abgetrennt von anderen. Denn wir stehen mit allem, was um uns ist, in Verbindung. Wir müssen uns dem nur öffnen. Das können Sie erfahren, indem Sie in den Wald gehen und die mächtige Kraft der Bäume auf sich wirken lassen, indem Sie sich auf eine Wiese legen und fühlen, wie die Erde Sie trägt, indem Sie Tiere streicheln, die großen Herzensheiler, oder Menschen auf der Straße zulächeln und deren freudiges Erstaunen ernten.

Wenn Sie dieses Gefühl der Verbundenheit trägt, kann die Einsamkeit zu einer Quelle von Kraft und Weisheit werden. Sie kann uns zu dem führen, der wir wirklich sind. Indem sie uns zum Innehalten und Reflektieren einlädt, ermöglicht sie Weiterentwicklung, Reifung oder eine Neuausrichtung des Lebens. Voraussetzung ist, sich ihr zu stellen und sie auszuhalten. Bereit zu sein, den letzten Dingen auf den Grund zu gehen und mit der inneren Wahrheit in Berührung zu kommen. Die Weisen dieser Welt haben immer schon die Einsamkeit gesucht. Jesus fastete 40 Tage alleine in der Wüste. Buddha meditierte unter dem Bodhibaum, bis er Erleuchtung erlangte. Auch heute ziehen sich viele Menschen in die Abgeschiedenheit eines spirituellen Zentrums oder Klosters zu einem Schweige-Retreat oder für Exerzitien zurück. Eine gute Gelegenheit, sich der Einsamkeit in einem freiwillig gewählten, geschützten Rahmen zu nähern, den inneren Reifungsprozess in Gang zu setzen, stille Einkehr bei sich selbst zu halten und ungestört mit der inneren Weisheit Kontakt aufzunehmen. Möglich ist dies dem, der den Mut hat, sich der Einsamkeit zu stellen und der sich eingebunden weiß in ein größeres Ganzes.

Am einfachsten können wir die Einheit des Lebens erfahren, indem wir anderen Menschen helfen. Der amerikanische Zen-Meister Bernard Glassman, einer der wichtigsten Vertreter eines sozial engagierten Buddhismus, ist davon überzeugt, dass wir mittels einer spirituellen Praxis, die sich in den Dienst des Nächsten stellt, unsere gefühlte Trennung von der Welt am besten überwinden können. Indem wir anderen helfen, helfen wir auch uns selbst. Wenn wir uns um einen anderen Menschen in Not kümmern, sorgen wir zugleich für den Teil in uns, der sich einsam und ungeliebt fühlt. Genau in dem Moment, in dem wir uns dem anderen zuwenden, durchbrechen wir die innere Isolation. Die Trennung löst sich auf. »Das eigene Glück ist mit dem der anderen untrennbar verbunden«, sagt der Dalai-Lama. Reichen Sie einem anderen Menschen die Hand zum Trost! Tun Sie anderen Menschen etwas Gutes! Wer andere glücklich macht, wird selbst glücklich. Und Glück ist das beste Mittel gegen die Einsamkeit.

Buchtipp: Anselm Grün. *Stille im Rhythmus des Lebens. Von der Kunst, allein zu sein.* Gütersloher Verlagshaus, Gütersloh 2013

Körperübung: Verbundenheit erfahren

- Stellen Sie sich mit beiden Beinen fest verankert auf den Boden. Atmen Sie einige Male ruhig ein und aus.
- Breiten Sie dann die Arme seitwärts mit den Handflächen nach unten aus und strecken Sie diese. Spüren Sie dabei die Energie, die aus Ihrem Herzen über Ihre Arme in Ihre Fingerspitzen fließt und Sie durch diese mit allem um Sie herum verbindet.
- Stellen Sie sich vor, dass Sie in dieser Haltung in der Mitte des Universums stehen und mit allem verbunden sind. Bleiben Sie in dieser Haltung der Verbundenheit für einige Atemzüge.
- Beim nächsten Einatmen winkeln Sie die Arme leicht an, drehen Sie die Handflächen nach oben und nehmen in einer empfangenden Haltung positive Energie vom Universum, von Gott, einer höheren Macht oder woran auch immer Sie glauben, auf.
- Beim Ausatmen kehren Sie die Handflächen wieder nach unten, strecken die Fingerspitzen und Ihren ganzen Körper und geben diese Energie ab.
- Spüren Sie, wie die Energie in einem kraftvollen Strahl von Ihnen ausgeht und Sie mit allem um Sie herum verbindet. Spüren Sie, wie Ihr innerer Raum sich in einen größeren Raum hinein ausbreitet.

Mit dieser Übung erhalten Sie Energie und verschenken Energie. Sie fühlen sich verbunden mit dem Zyklus des Lebens.

Heilritual: Das Gebet der Verbundenheit

Das Gebet ist eng mit der Meditation verwandt. Beide sind Quellen der Kraft und Geborgenheit, ihre Grundlagen sind innere Sammlung und Hingabe. Mit dem Gebet bringen wir unsere Sehnsucht nach Trost, Schutz und Verbundenheit zum Ausdruck. Ein hingebungsvolles Gebet fördert positive Energien in der Welt. Wissenschaftliche Studien belegen, dass Gebete den Heilungsprozess bei Krankheiten unterstützen.

Das Gebet ist eine Kraftquelle, mit deren Hilfe wir den Geist zur Ruhe bringen und eine Verbindung schaffen mit etwas, das größer ist als unser gewöhnliches Alltagsbewusstsein, etwas, das unvergänglich ist und reine Liebe darstellt.

Beten können Sie überall. Doch vielleicht möchten Sie sich dazu an einen stillen Ort zurückziehen und eine Haltung einnehmen, die Sie darin unterstützt. Vielleicht möchten Sie niederknien, die Hände vor der Brust falten, vielleicht bevorzugen Sie eine bequeme Sitzhaltung. Ein Altar mit Blumen, Räucherwerk, Statuen kann bei der inneren Sammlung hilfreich sein. Manchen hilft eine Visualisierung, eine göttliche Lichtgestalt, Buddha, Jesus, Engel. Etwas, mit dem Sie Gutes und Lichtvolles assoziieren. Öffnen Sie dankbar Ihr Herz, sodass das göttliche Licht in Sie einstrahlen kann. Bitten Sie für das, was Ihnen in den Sinn kommt. Ohne dabei Bestimmtes zu erwarten. Verbinden Sie sich mit der Welt, dem Göttlichen, schwingen Sie sich ein in dieses Feld der Güte und Liebe. »Bitte hilf .... Bitte gib mir Kraft ... Bitte schenke mir Liebe«. Im Gebet können wir zudem unsere Dankbarkeit zum Ausdruck bringen und unsere Wünsche für eine bessere Welt. Nutzen Sie das Gebet auch, um für andere Menschen zu bitten. Indem Sie dies tun, bringen Sie positive Gedanken und Energien in die Welt und stärken sich und andere. Der Buddhismus bringt dies im Wunsch zum Ausdruck: »Mögen alle Wesen glücklich sein«.

EXISTENZANGST
Sorge dich nicht – lebe!

Der Wecker zeigt bereits drei Uhr in der Früh und noch immer haben Sie kein Auge zugetan. Seit Sie wissen, dass in Ihrer Firma ein massiver Stellenabbau bevorsteht, treibt Sie die Sorge um die Zukunft um. Wer kennt sie nicht, diese Existenzängste, die uns bevorzugt in der Nacht heimsuchen? Sie sind deshalb so hartnäckig und elementar, weil sie nicht nur mit einem bestimmten Problem verbunden sind, sondern weil wir unser ganzes Dasein von ihnen bedroht sehen.

Dass Existenzängste kein neuzeitliches Phänomen sind, zeigt ein Blick in die Bibel. Im Neuen Testament rät Jesus Menschen, die mit Existenzsorgen zu ihm kommen, eine ganz bestimmte Seinsweise zu kultivieren. Im Matthäus-Evangelium heißt es: »Sorgt nicht um euer Leben, was ihr essen und trinken werdet; auch nicht um euren Leib, was ihr anziehen werdet. Ist nicht das Leben mehr als die Nahrung und der Leib mehr als die Kleidung? Seht die Vögel unter dem Himmel an: sie säen nicht, sie ernten nicht, sie sammeln nicht in die Scheunen; und euer himmlischer Vater ernährt sie doch. Seid ihr denn nicht viel mehr als sie? Wer ist unter euch, der seines Lebens Länge eine Spanne zusetzen könnte, wie sehr er sich auch darum sorgt?«

Vielleicht lächeln Sie, wenn Sie diese Zeilen lesen und denken sich, das ist ja alles nett und schön, nur reichlich naiv, insbesondere, wenn man überhaupt nicht mehr an einen himmlischen Vater glaubt. Doch wenn wir einmal den theologischen Kontext beiseitelassen, dann steckt in diesem Text eine sehr heilsame Aussage: Es geht darum, Vertrauen ins Leben selbst und in unser Sein zu entwickeln. In spiritueller Hinsicht bedeutet dies, zu begreifen, dass wir niemals von unserer inneren Quelle abgetrennt sind, auch wenn uns das im täglichen Leben oft so vorkommt.

Natürlich können wir die Aufforderung zur Sorglosigkeit ganz falsch verstehen und beschließen, uns von nun an um nichts mehr zu kümmern, in der Hoffnung, dass uns eine Schicksalsmacht oder ein Gott durchs Leben trägt und uns mit einem All-inclusive-Sorglospaket versorgt. Doch hinter einer solchen Haltung verbirgt sich weniger ein großes Gottvertrauen, als der Wunsch, die Verantwortung fürs eigene Leben einfach abzugeben. Ein anderer soll sich doch bitte um uns kümmern. In der islamischen Mystik gibt es dazu eine sehr schöne Erzählung, die verdeutlichen möchte, was echtes Vertrauen *nicht* ist.

Ein Beduine wurde vom Propheten Mohammed zum Islam bekehrt. Als das Abendgebet anstand, stieg der Mann sofort von seinem Kamel, um das notwendige Ritualgebet zu verrichten, jedoch ohne das Tier festzubinden. Als er fertig gebetet hatte, musste er feststellen, dass sein Kamel verschwunden war. Einige Zeit später traf er den Propheten wieder und beschwerte sich empört, dass Gott sein Vertrauen und seine Hingabe überhaupt nicht gewürdigt habe. Darauf antwortete ihm Mohammed: »Binde erst dein Kamel an und dann vertraue auf Gott!«

Übertragen heißt dies: Übernimm Verantwortung für dein Leben, gerade weil du mit dem wahren Sein verbunden bist. Wer glaubt, dass Gott oder der Kosmos sich um das kümmern müsste, was seine eigene Aufgabe als Mensch ist, der verwechselt Vertrauen mit Naivität. Bei der echten Sorglosigkeit geht es um eine Rückbindung an das Leben, das Universum, an Gott oder wie auch immer man diese tiefe und ursprüngliche Energie allen Seins beschreiben möchte. Diese Rückbindung an den Strom des Seins ermöglicht eine wahrhaft sorglose Haltung.

Das bedeutet also, dass wir nicht einfach die Hände in den Schoß legen können. Das Universum ist weder eine Hängematte noch ein Schlaraffenland. Das UNIVERSUM tut nichts, sondern IST. Es IST und wir sind immer Teil dieses SEINS. Das Einzige, was uns davon trennt, ist unsere Vorstellung, dass wir getrennt seien. Die Trennung ist nur eine Illusion, die sich jedoch ein ganzes Leben lang als feste Überzeugung manifestieren kann. Dieses Gefühl des Getrennt-und-auf sich-selbst-gestellt-Seins erzeugt Angst und zwar eine existenzielle Angst, da unser ganzes Dasein infrage gestellt wird. Wenn wir jedoch mit dieser ursprünglichsten Lebensenergie in Verbindung stehen, dann vermögen wir aus einer völlig anderen inneren Gestimmtheit zu agieren. Wir sind nun in der Lage, das Leben mit all seinen Facetten anzunehmen, ohne in Angst zu erstarren, dass uns etwas widerfahren könnte, was wir nicht bewältigen könnten.

Echte Sorglosigkeit kann auch die Schattenseiten des Lebens annehmen, weil sie diese als einen selbstverständlichen Bestandteil des Lebens anerkennt. Wenn wir uns für das wahre Leben und Sein öffnen, werden wir in Zukunft sicherlich nicht nur die Sonnenseite des Lebens erfahren, aber wir können aus einer ganz anderen Gestimmtheit und Kraft heraus auch mit den unerfreulichen Seiten des Lebens umgehen. Die anstehende Kündigung kann dann vielleicht als Chance für eine Neuorientierung gesehen werden oder auch ein Anstoß sein, bestehende Wertigkeiten im eigenen Leben zu überdenken und neu zu sortieren. Wenn wir in der Fülle des Seins gründen, dann wissen wir, dass der Bezug zu unserer Grundlage und zu dem, was uns trägt, niemals zerstört werden kann. Wir können auf den Wellen des Lebens reiten, mit ihnen ins Wellental hinabstürzen, um dann wieder auf dem Wellenkamm zu surfen. Das Wissen, dass es nie nur das Tal, sondern immer auch den Kamm gibt, ja dass die Welle untrennbar beides ist, das ermöglicht ein wirklich vertrauensvolles Leben, das wahrhaft sorglos ist.

Buchtipp: Katharina Ceming. *Sorge dich nicht um morgen. Die Bergpredigt buddhistisch gelesen.* Kösel, München 2009

Yogaübung: Der Hund

Der herabschauende Hund vermittelt uns neue Perspektiven und hilft bei Müdigkeit und Erschöpfung. Zudem unterstützt er uns darin, Sorgen loszuwerden.

- Begeben Sie sich auf einer Yogamatte oder einem weichen Teppich in den Vierfüßlerstand. Achten Sie darauf, dass Ihre Hände gerade nach vorn weisen und die Finger leicht gespreizt sind.
- Drücken Sie Ihre Handflächen fest auf den Boden, stellen Sie die Zehen auf und heben Sie dann Ihr Gesäß Richtung Himmel.
- Heben Sie die Fersen weit nach oben, streben Sie mit Ihrem Bauch zu den Oberschenkeln und lassen Sie Ihren Rücken ganz lang und Ihre Achseln ganz locker und weit werden.
- Lassen Sie den Kopf entspannt zwischen den gestreckten Armen hängen.

- Versuchen Sie nun, langsam die Beine durchzustrecken und die Fersen dabei auf den Boden abzusenken, aber nur so weit, dass Ihr Rücken ganz lang bleiben kann.
- Atmen Sie tief in diese Stellung hinein. Spüren Sie, wie Ihre Sorgen von Ihnen abfallen.
- Beugen Sie dann langsam die Beine, bringen Sie die Knie wieder zum Boden und spüren Sie noch ein wenig nach.

Meditation: Wurzelchakra stärken

In den östlichen Traditionen gibt es sieben Hauptenergiezentren des Körpers, sogenannte Chakren, die entlang der Wirbelsäule liegen und denen bestimmte Qualitäten zugewiesen werden. In der indischen Tradition ist das Wurzelchakra, Muladhara Chakra genannt, das erste der sieben Chakren. Es befindet sich am unteren Ende der Wirbelsäule und ist maßgeblich für Vertrauen und Erdung verantwortlich. Existenzängste und übergroße Sorgen können ein Anzeichen dafür sein, dass das Wurzelchakra blockiert ist. Mit dieser zehnminütigen Meditation können Sie es wieder durchlässiger machen. Suchen Sie sich einen ruhigen Platz und begeben Sie sich in eine aufrechte Meditationshaltung. Schließen Sie die Augen und nehmen Sie Kontakt mit Ihrem Wurzelchakra auf. Stellen Sie sich vor, wie aus diesem Chakra Wurzeln in die Erde wachsen. Spüren Sie, wie diese Wurzeln Sie mit der Erde verbinden und Sie mit deren Kraft versorgen. Atmen Sie mit jedem Atemzug mehr davon in Ihren Körper hinein und atmen Sie Ihre Sorgen aus. Spüren Sie, wie Sie sich zunehmend gefestigt und zugleich leicht und unbelastet fühlen. Vergegenwärtigen Sie sich zum Abschluss, dass Ihr Wurzelchakra von Energie durchflutet und wieder durchlässig geworden ist.

NEID
Das eigene Leben wertschätzen lernen

»Der Herr nahm Abels Opfer an, Kains aber nahm er nicht an. Da überlief es Kain ganz heiß und sein Blick senkte sich.« In der Bibel finden wir die Urszene des Neids. Zwei Brüder treten mit ihren Liebesgaben vor Gott, doch dieser nimmt nur das Geschenk des Jüngeren entgegen. Diese Zurückweisung kränkt Kain zutiefst. Und aus Zorn erschlägt er seinen Bruder.

Der Neid ist ein heftiges Gefühl. Und nicht selten entlädt er sich in Gewalt. In der christlichen Tugendlehre gilt er daher als eines der sieben Hauptlaster. Kein Wunder also, dass wir uns so schwer mit ihm tun. Dass wir uns schämen, wenn er uns heimsucht. Doch wer kennt es nicht, dieses heiße Gefühl der Kränkung, wenn das eigene Geschenk der Liebe nicht angenommen wird? Wenn ein anderer bevorzugt und man selbst zurückgewiesen wird?

Das Aufflammen des Neids weist immer auf das quälende Gefühl eines Mangels in einem selbst hin. Wer Neid empfindet, kann den eigenen Wert nicht mehr erkennen, sondern blickt wie gebannt auf einen anderen Menschen, der all das zu haben scheint, was einem selbst so schmerzlich fehlt. Wer den Spuren des Neids folgt, wird unweigerlich bei einer frühen Erfahrung ankommen, in der man sich unbeachtet und ungeliebt fühlte. Eine Erfahrung, die viele Menschen in ihrer Kindheit machen mussten: Als die kleine Schwester die ungeteilte Aufmerksamkeit der Mutter erhielt, der ältere Bruder die alleinige Anerkennung des Vaters fand. Als es immer ein anderer war, der die Augen der Eltern zum Leuchten brachte. Die Erfahrung, in der zweiten Reihe zu stehen und zu kurz zu kommen, kann ein ganzes Leben prägen. Denn der Schmerz der Benachteiligung krallt sich ins Herz und erfüllt es mit Bitterkeit. »Der Neid des Menschen zeigt an, wie unglücklich er sich fühlt«, erkannte der Philosoph Arthur Schopenhauer, und der Volksmund brachte es auf die griffige Formel: »Wer neidet, der leidet«.

Wer diese Urkränkung erfahren hat, wird ihr höchstwahrscheinlich immer wieder in neuen Variationen und unterschiedlichen Situationen begegnen: In der Schule wird ein Mitschüler vom Lehrer vorgezogen, am Arbeitsplatz erregt ein neuer Kollege die wohlwollende Aufmerksamkeit des Chefs, im Freundeskreis steht immer ein anderer als man selbst im Mittelpunkt. Die Menschen um einen herum scheinen geradezu traumwandlerisch die alte Verletzung zu aktivieren und das Gefühl erneut zu bestätigen, nicht gut genug, nicht liebenswert, nicht begabt genug ... zu sein. Denn der alte Schmerz sucht ständig nach Ventilen, um sich zu entladen. Er sitzt tief. Er ist stark. Und er will geheilt werden (siehe auch ab Seite 61).

Im Buddhismus zählt der Neid zu den fünf Geistesgiften. Doch anders als das Christentum, das ihn mit allen Mitteln zu bekämpfen sucht, erkennt die buddhistische Philosophie in diesem energiegeladenen Gefühl auch das Potenzial zur Veränderung. Der Neid kann durchaus zu einem wichtigen Wegweiser für die eigene Entwicklung werden. Denn er führt uns zu alten, im Unterbewusstsein wirksamen Gefühlen, die transformiert werden möchten. Er kann zur Medizin werden, wenn wir seinen bitteren Geschmack nicht scheuen und bereit sind, an ihm zu arbeiten und ihn zu verändern. Ohne Scham und ohne Furcht. Hierbei hilft es, wenn Sie sich bei einem Anflug von Neid zuerst einmal bewusst machen, dass Sie jetzt gerade Neid empfinden und diese Tatsache nicht sofort wieder zu verdrängen versuchen. Sie können sich damit beruhigen, dass es sich dabei um ein zutiefst menschliches Gefühl handelt, das jeder kennt. Verändern Sie dann ganz gezielt die Perspektive: Blicken Sie auf das, wofür Sie in Ihrem Leben dankbar sein können. Zählen Sie alles auf, was Ihnen einfällt. Nichts lindert Neidattacken effektiver als die Dankbarkeit für die Errungenschaften des eigenen Lebens und für die Menschen, die man liebt. Fragen Sie sich: Welche Eigenschaften und Fertigkeiten zeichnen mich aus? Was macht mich einzigartig? Hören Sie auf, sich mit anderen zu vergleichen, Ihre Talente und Fähigkeiten an denen anderer zu messen. So entziehen Sie dem Neid auf Dauer die Grundlage.

Wenn Sie bereit sind, mit ihm zu arbeiten, kann der Neid zu einem wichtigen Impulsgeber werden. Er kann Ihnen vor Augen führen, was Sie sich vom Leben erhoffen und Ihnen damit den Weg zu bislang ungelebten, vernachlässigten Aspekten und Sehnsüchten weisen. Beobachten Sie einmal interessiert, welche Menschen bei Ihnen Neidgefühle auslösen. Was bewundern Sie an diesen Menschen? Leben diese vielleicht Qualitäten, die Sie nicht auszuleben wagen? Was könnten Sie von ihnen lernen? Blicken Sie also sehr genau hin, wie der Neid sich zeigt und bei welchen Gelegenheiten er auftaucht. Fragen Sie ihn dann wie einen alten Bekannten: »Worauf willst du mich aufmerksam machen?« So betrachtet kann der Neid der eigenen Entwicklung auf die Sprünge helfen.

Üben Sie, bewusst und zugleich entspannt mit dem Neid umzugehen, dann werden Sie schon bald feststellen, dass Sie sich nicht nur an den eigenen Qualitäten und Talenten, sondern auch an denen anderer erfreuen können. Die Erfolge der anderen schmecken nicht mehr bitter, sondern bieten Anlass zur Mitfreude. Nicht von ungefähr gilt im Yoga, in der Tradition des großen Yogameisters Patanjali, die Mitfreude (Mudita) als eine der höchsten Tugenden, wertvoller noch als das Mitgefühl. Dies liegt daran, dass es uns offensichtlich leichter fällt, andere in ihrem Leid zu trösten, als sie bei Ihren Erfolgen vorbehaltslos zu beglückwünschen. Wenn es uns schließlich gelingt, anderen Menschen von ganzem Herzen ihr Glück zu gönnen, haben wir menschliche Größe und innere Stabilität erlangt. Dann sind wir mit uns und unserem Leben im Reinen.

Buchtipp: Verena Kast. *Neid und Eifersucht – Die Herausforderung durch schwierige Gefühle.* Deutscher Taschenbuch Verlag, München 1998

Körperübung: Negative Gedanken abschütteln

Diese Übung ist sehr wirksam, da Sie mit ihr schnell Anspannungen, die sich im Körper festgesetzt haben, lösen. Sie hilft auch dabei, negative Gedanken und Gefühle wie Neid aus dem Körper herauszuschütteln.

- Stellen Sie Ihre Füße fest und schulterbreit versetzt auf den Boden.
- Beginnen Sie nun sachte in den Knien zu wippen, sodass Ihr ganzer Körper in Schwingung gerät. Tun Sie dies so kräftig, wie es sich für Sie richtig anfühlt.
- Dann beginnen Sie damit, alle Teile Ihres Körpers auszuschütteln, die Arme, die Beine, den Rumpf, den Kopf. Wenn Sie ungestört sind, können Sie dazu auch laut seufzen oder »Ha« rufen oder andere befreiende Laute machen.
- Tun Sie dies so lange, bis Sie sich leichter und lockerer und von der Last neidvoller Gedanken befreit fühlen. Lassen Sie die Übung langsam ausklingen. Nun können Sie sich mit einer positiven Ausrichtung dem Alltag stellen.

Meditation der Mitfreude

Mitfreude (Mudita) gilt im Buddhismus als wirksamstes Mittel gegen Neid. Die Mudita-Meditation unterstützt uns darin, anderen bewusst Gutes zu wünschen und uns über ihr Glück zu freuen, anstatt es ihnen zu missgönnen. So verstärkt sich das Positive auch in unserem Leben.

Begeben Sie sich für die Meditation an einen ungestörten Ort, nehmen Sie eine aufrechte Meditationshaltung Ihrer Wahl ein und schließen Sie die Augen.

Denken Sie nun an einen Menschen, der Ihnen viel bedeutet, den Sie lieben. Stellen Sie sich vor, wie er oder sie glücklich ist und voller Freude lacht. Sicherlich wird es Ihnen beim Gedanken daran gelingen, sich mitzufreuen.

Lassen Sie zu, dass dieses Gefühl der Mitfreude sich in Ihnen ausbreitet. Vielleicht beginnen Sie, beim Gedanken an diesen Menschen zu lächeln. Schicken Sie ihm Ihr Lächeln und sagen Sie innerlich die folgenden Worte: »Möge dein Glück lange anhalten. Möge dein Glück noch wachsen.«

Freuen Sie sich als »Einsteiger« zunächst mit all denjenigen mit, für die sich leicht Freude empfinden lässt: Geliebte Familienmitglieder, Freunde, lachende Kinder, spielende Hunde ...

Machen Sie die Übung am besten zu einer festen Größe in Ihrem Leben, denn Sie werden schnell feststellen, wie gut sie Ihnen tut. Und je geübter Sie im Mitfreuen werden, desto leichter wird es Ihnen schließlich fallen, Menschen Glück zu wünschen, die negative Gefühle wie Neid in Ihnen auslösen. Dies ist wahre Mudita.

MISSTRAUEN

Wie wir Geborgenheit erleben können

»Jeder von uns hat die Wahl, von Angst oder von Liebe erfüllt zu leben«, schrieb uns Albert Einstein ins Stammbuch. Diese beiden Grundkräfte des Lebens begegnen uns immer wieder. Und es ist an uns, zu entscheiden, welche Kraft wir stärken wollen. Die Liebe fördert Vertrauen, die Angst hingegen befeuert unser Misstrauen. Wenn wir ihr nachgeben, erscheint die Welt als ein gefährlicher Ort und unsere Mitmenschen bilden eine potenzielle Bedrohung. Sobald wir misstrauen, erzeugen wir eine Trennung zwischen uns und den anderen. Dann haben Missgunst, Neid und Gewalt, die sich gern im Schlepptau von Misstrauen befinden, leichtes Spiel.

Angst lässt die Dinge weit schlimmer erscheinen, als sie in Wirklichkeit sind. Wenn sie uns beherrscht, erwarten wir grundsätzlich das Schlimmste und nehmen nur wahr, was schlecht läuft. Damit ziehen wir uns emotional nach unten, und wir verhalten uns unbewusst so, dass wir immer wieder Erfahrungen machen, die unser Misstrauen bestärken. Die Psychologie spricht in diesem Zusammenhang von einer »Selbsterfüllenden Prophezeiung«. Wir fördern also unbewusst genau das, was wir am meisten fürchten. Fatalerweise ist es unser Selbstschutz, der neue und vertrauensvolle Erfahrungen unmöglich macht. Denn Vertrauen erfordert die Bereitschaft, berührbar und damit verletzbar zu sein.

Woher jedoch nehmen wir den Mut dazu, wenn unser Vertrauen bereits frühzeitig erschüttert wurde? Wie können wir Selbstvertrauen entwickeln, wenn frühe Bezugspersonen kein Vertrauen in uns setzten? Wer solche schmerzvollen Erfahrungen gemacht hat, wird sein Möglichstes daransetzen, sie niemals wiederholen zu müssen. Wie ein gebranntes Kind scheut er fortan das Feuer.

Doch unabhängig davon, ob wir von Anfang an Zuwendung und Geborgenheit erfahren durften oder nicht – wir alle verfügen über ein angeborenes Basisvertrauen in das Leben. Unser Atem und Herzschlag künden davon. Deshalb werden Atemmeditationen von vielen Menschen als äußerst stabilisierend erlebt. Die Achtsamkeit auf den Atem unterstützt darin, Vertrauen in sich selbst zu entwickeln und sich in diesem Leben zu Hause und geborgen zu fühlen. »Selbstvertrauen ist wie Skifahren, man muss es halt lernen«, sagte die Theologin Mary Daly einmal pointiert. Indem wir unser Selbstvertrauen bewusst stärken, können wir Erfahrungen aus der Vergangenheit hinter uns lassen und uns für Neues öffnen.

Fragen Sie sich jetzt einmal ehrlich: Wie nehme ich andere Menschen wahr? Auf welche Eigenschaften blicke ich zuerst? Sind es vor allem die negativen? Unser Menschenbild sagt mehr über uns selbst aus als über die anderen. Denn es ist die eigene Mangelidentität, die uns lieblos und ablehnend auf andere blicken lässt. Ein wichtiger Schritt zum Aufbau von (Selbst)Vertrauen besteht deshalb darin, die Perspektive gezielt zu verändern: Was können Sie Liebenswertes in anderen erblicken? Suchen Sie in jedem Menschen, der Ihnen begegnet, so lange, bis Sie etwas gefunden haben. Seien Sie ehrgeizig und versuchen Sie, es auf mindestens fünf positive Dinge zu bringen! Sie werden feststellen, dass Ihnen diese Haltung, sich auf Angenehmes, Schönes zu konzentrieren, unglaublich guttut und dass nicht nur die anderen viel freundlicher auf Sie wirken als bisher, sondern dass andere auch Sie anders wahrnehmen und Sie von diesen mehr Wertschätzung erfahren.

Vertrauen ist nicht nur Einstellungssache, sondern eine Entscheidung, die Sie in jeder Situation neu treffen können. Wie wollen Sie eine schwierige Situation interpretieren, in der Sie sich befinden? Als Gefahr oder als Chance? Möchten Sie sich sagen »Das geht ja eh schief!« oder »Das bekomme ich schon irgendwie hin!«? Wollen Sie sich als hilflos ausgeliefert erfahren oder die Situation als eine Gelegenheit sehen, etwas aus ihr zu lernen? Jedes Mal, wenn wir eine Herausforderung annehmen, entstehen neue Denk- und Handlungsmuster, erleben wir uns als selbstwirksam und unser Vertrauen ins Leben wächst. Mit einem offenen Herzen durch das Leben zu gehen, den Mut aufzubringen, sich alten Verletzungen zu stellen und der Angst ins Auge zu blicken, zeichnet im Shambhala-Buddhismus den wahren Krieger aus. Er stärkt Liebe und Mitgefühl in der Welt und trägt zur Heilung bei, die immer dann geschieht, wenn Liebe an die Stelle von Angst tritt. Denn darum geht es doch letztlich: Das Vertrauen in das Leben zurückzugewinnen. Bereit zu sein, sich auch einmal fallen zu lassen und zu erfahren, dass das Leben trägt. Sich in einem größeren Ganzen aufgehoben und geborgen zu wissen. Mit unserem Vertrauen, Trennungen zwischen sich und anderen aufzuheben und zu mehr Frieden in der Welt beizutragen. Dann können wir das Haus der Angst, das von Misstrauen erfüllt ist, verlassen und in das Haus der Liebe und Geborgenheit ziehen.

Eines der sicherlich schönsten und poetischsten Zeugnisse des Vertrauens findet sich in der Bibel: »Der Herr ist mein Hirte, mir wird nichts mangeln. Er weidet mich auf einer grünen Aue und führet mich zum frischen Wasser. Er erquicket meine Seele und führet mich auf rechter Straße um seines Namens willen. Und ob ich schon wanderte im finstern Tal, fürchte ich kein Unglück; denn du bist bei mir, dein Stecken und Stab trösten mich.« (Psalm 23)

Buchtipp: Veronica De Andrés / Florencia Andrés. *Absolutes Vertrauen: Die Kraft, das Leben glücklich zu gestalten.* Kailash, München 2011

Yogaübung: Die Stellung des Kindes

Diese Stellung nimmt der Embryo im Mutterleib ein. Sie stärkt daher das Urvertrauen und schenkt ein wohliges Gefühl von Geborgenheit. Sie hilft beim Loslassen von Ängsten, fördert tiefe Entspannung und harmonisiert die Energien. Körperlich ist diese Übung gut für die ganze Wirbelsäule und hilft, Verspannungen zu lösen.

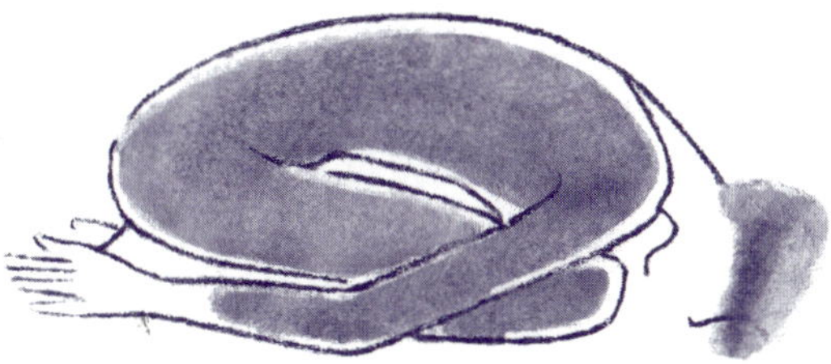

- Setzen Sie sich auf die Fersen. Lassen Sie die Arme locker zu beiden Seiten herunterhängen. Entspannen Sie sich.
- Beim nächsten Ausatmen beugen Sie sich nach vorn und legen Ihre Stirn auf dem Boden ab. Halten Sie Ihr Gesäß dabei so dicht wie möglich an den Fersen.
- Falls Sie Schwierigkeiten haben sollten, die Stirn auf dem Boden abzulegen, können Sie ein Kissen zu Hilfe nehmen.
- Legen Sie Ihre Arme seitlich neben dem Körper ab. Achten Sie darauf, dass der Nacken lang gestreckt ist und die Schulterblätter locker nach unten hängen.

- Schließen Sie die Augen und atmen Sie tief in den Bauchraum und in den unteren Rücken hinein. Lassen Sie alle Anspannung los. Fühlen Sie die wohlige Entspannung, die Sie erfüllt.
- Wenn Sie sich ausgiebig gestärkt fühlen, richten Sie sich langsam wieder auf und verharren Sie noch einige Atemzüge im Fersensitz.

Visualisierungsübung: Das Feuer des Vertrauens im Herzen entfachen

Begeben Sie sich für die Übung an einen ungestörten Ort und nehmen eine aufrechte Meditationshaltung Ihrer Wahl ein. Schließen Sie die Augen und atmen Sie einige Male bewusst in Ihr Herz hinein. Um besser mit ihm in Kontakt zu kommen, können Sie beide Hände auf Ihr Herz legen. Stellen Sie sich nun vor Ihrem inneren Auge vor, wie eine kleine Flamme in Ihrem Herzen Gestalt annimmt. Visualisieren Sie, wie diese immer größer wird, leuchtet und schließlich Ihren ganzen Brustraum mit wärmendem Feuer erfüllt. Spüren Sie diese wohltuende, heilsame Wärme mit jedem Atemzug in Ihrem Herzen.

Wenn Sie Schwierigkeiten mit der Vorstellung der Flamme haben, kann Ihnen eine Kerze helfen, die Sie während der Meditation anblicken und deren Abbild Sie in Ihr Herz nehmen. Spüren Sie, wie das Licht sich in Ihrem Herzen ausbreitet und alles Misstrauen daraus vertreibt.

GROLL
Die heilende Kraft der Vergebung

Wenn wir verletzt, enttäuscht und betrogen werden, ist das äußerst schmerzhaft. Besonders dann, wenn dies durch einen Menschen geschieht, der uns nahesteht. Unser Leben gerät aus dem Gleichgewicht. Zorn, Traurigkeit und Hilflosigkeit gewinnen abwechselnd die Oberhand und alle Gedanken kreisen ständig um die Frage: »Warum hat er/sie mir das angetan?« Manchmal haben wir das Glück, darauf eine Antwort zu erhalten. Meist bleibt der andere sie uns jedoch schuldig. Der Schmerz gräbt sich bitter und tief in unser Herz. Und je intensiver und länger sich die Gedanken um das erlittene Unrecht drehen, um so weniger kommen wir los von dem Menschen, der uns verletzt hat. Doch nicht genug, dass wir durch unsere Unversöhnlichkeit in der Vergangenheit festhängen. Wir übertragen unseren unverarbeiteten Groll auch noch auf neue Beziehungen und vergrößern dadurch unser Leid.

Wohl jeder hat im Verlauf seines Lebens Verletzungen erfahren. Oft geschahen die ersten Kränkungen schon in sehr früher Kindheit, als es noch nicht einmal möglich war, sich zu wehren. Und dann ging es weiter mit Mitschülern, Freunden, Kollegen, Partnern ... Mitunter machen wir die anderen bis heute für unser Unglück verantwortlich. Wir mutmaßen: Wenn ich einen besseren Start ins Leben gehabt hätte, wenn mir dies oder jenes damals nicht geschehen wäre, könnte ich heute glücklich sein. Wir tragen einem anderen etwas nach und tragen doch selbst am Schwersten daran.

Vergebung ist daher eine Entscheidung für das eigene Lebensglück. Wir vergeben um unserer selbst willen. Wir lassen den anderen in Frieden ziehen und lassen die Vergangenheit los.

Wer vergibt, verabschiedet sich vom Opferstatus, übernimmt die Verantwortung für das eigene Leben und macht sich bereit für einen Neubeginn.

Je nachdem, wie schwer wir an unserem Groll tragen, wie tief er im Herzen sitzt, wird Vergeben zu einem geringeren oder größeren Kraftakt. Um zu einer heilsamen inneren Einstellung zum Geschehenen zu gelangen, sind jedoch immer Mut, Entschlossenheit und Durchhaltevermögen erforderlich. Nicht umsonst lehrt die Bhagavad Gita, die Heilige Schrift des Hinduismus: »Wenn du Tapferkeit suchst, dann schau auf Menschen, die verzeihen können.«

Hierfür gilt es zwei entscheidende Schritte zu gehen: Der erste führt uns in das eigene Herz. Er erfordert, sich dem eigenen Schmerz zu stellen, genau hinzusehen, was der Auslöser für Bitterkeit, Wut und Traurigkeit ist, wo der Ursprung dieser quälenden Gefühle sitzt und ob sich vielleicht etwas ganz Altes, aus der Kindheit Stammendes wiederholt hat ...

Der Weg der Vergebung führt mitten hindurch durch Bitterkeit, Wut und Traurigkeit. Denn unter diesen liegen unsere zarten und kostbarsten Gefühle begraben: Liebe und Vertrauen. »Wende dich nicht ab, halte den Blick auf die wunde Stelle gerichtet, denn dort tritt das Licht ein«, erkannte Rumi, der große Liebesmystiker des Islam. Wenn wir beherzt genug graben und uns nicht fürchten vor dem, was wir dabei zutage fördern, können wir schließlich den verschütteten Schatz heben und zurückfinden zur ursprünglichen Zartheit unseres Herzens. Hierfür ist die Annahme des Schmerzes unabdingbar. Bringen Sie sich selbst Mitgefühl entgegen. Sprechen Sie sich Trost zu und nehmen Sie den verletzten Teil in sich sanft in die Arme. Sehr wichtig und unterstützend in diesem Heilungsprozess sind Menschen, die bereit sind, Ihnen zuzuhören und Ihren Schmerz zu teilen, die Sie trösten und bei denen Sie sich geborgen fühlen. Vielleicht verspüren Sie den Wunsch, sich in die Obhut eines erfahrenen Therapeuten zu begeben, der Sie auf dem Weg der Vergebung begleitet und Ihnen sagt: »Ja, das war schlimm und ich kann verstehen, dass du verletzt bist.«

Dann können wir den nächsten Schritt wagen: Die Empathie aktivieren. Sie ist der Schlüssel zur Vergebung. Denn sie ermöglicht es, die Perspektive zu wechseln und sich in die Situation des anderen einzufühlen. Wenn wir auch nur einen Hauch von Verständnis aufbringen können, öffnet sich bereits ein Tor zum anderen. Gefühle sind nicht länger in uns gebunden. Versuchen Sie sich zu erinnern: Welche positiven Eigenschaften hat dieser Mensch? Jeder Mensch trägt einen göttlichen Funken in seinem Herzen, lehren uns die Mystiker aller Religionen. Suchen Sie danach! Manchmal mag dieser Funke kaum spürbar sein, doch vertrauen Sie darauf, dass er vorhanden ist. Versuchen Sie, die Handlung vom Handelnden zu trennen. Das ermöglicht es Ihnen, die Tat an sich zu verurteilen, ohne damit den Menschen zu verdammen. Wenn Ihnen das partout nicht möglich ist, versuchen Sie, ihn sich als kleines, verletzliches Kind vorzustellen, das er einmal war. Vielleicht gelingt es Ihnen dann, diesen Funken zu entdecken.

Machen Sie sich dabei immer wieder bewusst: Sie selbst tragen den Schlüssel für die Vergebung in der Hand. Vergebung ist ein Akt der Stärke. Und ein Akt der Liebe. Sie befreit den, der sie gibt und den, der sie empfängt. Vergebung macht Beziehung möglich. Ein sehr wirksames Mittel für den Perspektivwechsel ist das Verfassen eines Briefes aus Sicht dessen, der Sie verletzt hat. Dies ermöglicht es, sich in den anderen einzufühlen und nach Beweggründen für sein Handeln zu suchen. Welche Gefühle hatte er? Bedauert er das Geschehene? Schließen Sie den Brief aus Sicht des anderen mit der Bitte an Sie selbst um Vergebung.

Verzeihen fordert von uns nicht mehr und nicht weniger, als die Hoffnung auf eine bessere Vergangenheit ein für alle Mal aufzugeben. Was geschehen ist, ist geschehen. Es lässt sich einfach nicht rückgängig machen, so sehr wir uns dies auch wünschen würden. Ja, wir verdienen Gerechtigkeit. Und das Eingeständnis, dass uns Unrecht getan und Leid zugefügt wurde. Nicht immer aber haben wir das Glück, dass derjenige, der dieses Leid verursacht hat, seine Schuld eingesteht. Oft liegt die Kränkung schon viele Jahre zurück, mitunter ist der Betreffende nicht mehr am Leben. In diesem Fall kann es helfen, sich einen Stellvertreter zu suchen, der einem sagt: »Ja, dir ist Unrecht zugefügt worden. Das tut mir leid«. Diese Worte aus dem Munde eines anderen zu hören, wird als sehr tröstend und heilend erlebt. Manche Menschen haben darauf ihr ganzes Leben gewartet. Genau darin liegt das erlösende Moment in therapeutischen Familienaufstellungen.

Wer einen spirituellen oder religiösen Hintergrund hat, findet leichter einen Grund zu vergeben. Denn er weiß sich eingebunden und verbunden mit etwas, das weit größer ist als sein begrenztes Ich. In der Beziehung zum Ewigen liegt das Mysterium, der Akt der Gnade, der das Herz öffnet und Verzeihen möglich macht. Barmherzigkeit ist die Fähigkeit, seinen Mitmenschen mit dem Auge des Göttlichen anzusehen. Sie hat das Potenzial, Hass, Wut und Schmerz in Mitgefühl, Verständnis und letztlich Liebe zu transformieren. Aus diesem tieferen Verständnis des Lebens erwächst dem Menschen die Kraft, erlittene Verletzungen als Gelegenheit für Wachstum und Transformation zu begreifen.

Buchtipp: Colin Tipping. *Ich vergebe. Der radikale Abschied vom Opferdasein*. J. Kamphausen, Bielefeld 2004

Herzatmung

Indem wir unser Herz öffnen, machen wir uns bereit zur Vergebung.

- Ziehen Sie sich an einen ruhigen und ungestörten Ort zurück, nehmen Sie eine aufrechte Meditationshaltung Ihrer Wahl ein und schließen Sie die Augen.
- Atmen Sie einige Male ruhig ein und aus. Richten Sie dann Ihre Aufmerksamkeit auf Ihre Herzregion. Vielleicht gelingt es Ihnen, sich Ihr Herz bildlich vorzustellen. Vielleicht können Sie das Pochen Ihres Herzens erspüren. Lächeln Sie ihm zu und danken Sie ihm für seine großartige Arbeit, die es für Sie leistet.
- Beginnen Sie nun mit der Herzatmung, indem Sie visualisieren, wie Sie beim Einatmen tief in Ihr Herz atmen und beim Ausatmen den Atem aus Ihrem Herzen fließen lassen.
- Bleiben Sie 10–15 Minuten bei dieser Atmung. Immer dann, wenn Ihre Aufmerksamkeit abschweift, richten Sie den Atem behutsam zurück auf Ihr Herz. Vielleicht spüren Sie einen Druck oder Spannung im Herzen, vielleicht kommen auch unangenehme Gefühle in Ihnen hoch. All diese Empfindungen sind Ausdruck dafür, dass sich die Blockierungen lösen und Ihr Herz sich zu öffnen beginnt.

- Es mag hilfreich sein, wenn Sie Ihre Hände tröstend auf Ihr Herz legen und dabei sanft weiteratmen. Bald schon werden Sie spüren, wie sich Ihr Herz weitet und öffnet.
- Schließen Sie die Übung mit einem Dank an Ihr Herz ab.

Heilritual: Vergeben

Dieses von dem Benediktiner Willigis Jäger empfohlene Ritual unterstützt Sie darin, mit erlittenen Kränkungen und Verletzungen abzuschließen. Ziehen Sie sich hierfür mit einem Notizblock und Stift an einen ungestörten Ort zurück. Entzünden Sie eine Kerze. Kommen Sie zur Ruhe und sammeln Sie Ihre Kraft, indem Sie einige Male bewusst ein- und ausatmen. Lassen Sie nun Ihre Gedanken zurückwandern zu der Situation, in der die Verletzung entstand, die Sie noch immer quält und von der Sie sich nun endgültig lösen möchten.

Spüren Sie bewusst in den Schmerz hinein, der bei der Erinnerung in Ihnen aufsteigt, lassen Sie zu, was sich dazu an inneren Bildern und Gefühlen zeigt.

Gestatten Sie sich, alles zu denken und zu fühlen, und schreiben Sie es sich vom Herzen – die Wut, die Bitterkeit, die Rachegelüste, die in Ihnen schlummern. Tun Sie dies so lange, bis Ihnen nichts mehr einfällt. Bis sich all Ihr Kummer und Ihr Groll auf das Papier ergossen haben.

Legen Sie dann das Geschriebene zur Seite und sammeln Sie sich einige Atemzüge lang. Der Übung liegt das Wissen zugrunde, dass das, was wir einmal niedergeschrieben haben, an Macht über uns verliert. Unsere Gedanken kreisen nicht länger darum. Am besten verbrennen Sie das Geschriebene anschließend an einem geeigneten Ort in der Natur oder in einem feuerfesten Gefäß in der Wohnung. Damit besiegeln Sie, dass Sie das Vergangene zu einem Abschluss gebracht haben. Sie bekunden damit Ihren Entschluss zur Aussöhnung mit dem, was geschehen ist.

Vielleicht werden Sie das Ritual noch einige Male wiederholen müssen, weil dabei deutlich wurde, dass noch eine ältere Verletzung hinter jener Kränkung schlummert, an die Sie sich am besten erinnern. Dann gehen Sie wie bei einer Zwiebel, Schicht um Schicht vor, bis Sie schließlich spüren, dass der Groll endgültig aus Ihrem Herzen gewichen ist und einem neuen Vertrauen in das Leben Platz gemacht hat.

Wege zur Gelassenheit

Den Herausforderungen
des Lebens entspannt begegnen

VERSAGENSANGST
Auf das eigene Sicherungsnetz vertrauen

»Fehler sind das Tor zu neuen Entdeckungen«, sagte der irische Schriftsteller James Joyce einmal. Dennoch haben wir eine unheimliche Angst davor, etwas falsch zu machen. In den Augen vieler Menschen gilt ein Fehler als Zeichen von Inkompetenz oder Schwäche. Wer sich vor anderen nicht blamieren möchte, verzichtet vielleicht lieber ganz darauf, zu handeln, gemäß der Maxime »wer nichts tut, macht auch nichts verkehrt«. Damit ist man vermeintlich auf der sicheren Seite. Das Problem ist nur, dass wir uns im Leben nicht immer aus der Verantwortung stehlen können, weil wir Angst davor haben zu versagen. Es ist ja nicht nur der berufliche Bereich, in dem wir in der Verantwortung stehen, auch in der Partnerschaft, in Freundschaften, in Beziehungen welcher Art auch immer, sind wir gefordert, Entscheidungen zu treffen.

Wer öfter von existenziellen Versagensängsten gepeinigt wird, tut gut daran, sich die Wurzeln dieser Angst etwas gründlicher anzusehen. Meistens hängt unsere Versagensangst mit dem eigenen Selbstbild und Selbstwertgefühl zusammen. Wer bereits in der Kindheit erleben musste, dass er nicht um seiner selbst willen geliebt wurde, sondern dass diese Liebe an ein bestimmtes Verhalten und an Leistung gekoppelt war, wird vermutlich auch als Erwachsener Schwierigkeiten damit haben, sich selbst mit allen Fehlern und Schwächen annehmen zu können. An den Erlebnissen und Erfahrungen unserer Kindheit können wir heute nichts mehr ändern. Doch wir können an anderer Stelle ansetzen, um etwas zu verändern, und das ist unsere aktuelle Situation.

Als Erwachsene sind wir nicht länger auf Gedeih und Verderb von anderen Menschen und ihrer Wertschätzung abhängig. Wir können Selbstvertrauen deshalb auch jetzt noch aufbauen, indem wir beginnen, uns selbst Wertschätzung entgegenzubringen. Dies ist kein ganz leichtes Unterfangen, doch es ist möglich, indem wir den Blick ganz gezielt auf das richten, was wir können und gern tun und worauf wir mit Fug und Recht stolz sein dürfen. Üben Sie diese innere Haltung ein, indem Sie sich immer wieder bewusst für einige Sekunden liebevolle Anerkennung geben. Spüren Sie, wie Ihr Selbstvertrauen wächst. Baden Sie regelrecht in diesem Gefühl, lassen Sie sich davon wohlig umschließen.

Wie wichtig es ist, Vertrauen schon im Kleinen zu kultivieren, betont die buddhistische Meditationslehrerin Sylvia Wetzel: »Jedes bisschen Vertrauen gibt uns Kraft, mit der Tatsache klarzukommen, dass wir unser Leben nie hundertprozentig in den Griff bekommen.« Im Leben werden wir immer wieder damit konfrontiert, einer Sache oder Situation nicht gewachsen zu sein. Diese Erfahrung gehört aber untrennbar zum Leben dazu. Wenn wir dies akzeptieren können, stellt ein solches Ereignis auch unseren Selbstwert nicht mehr infrage.

Nehmen Sie also Abschied von der Vorstellung, etwas perfekt machen zu müssen. In der Welt des Bedingten und Wandelbaren gibt es von Haus aus nichts Perfektes. Selbst das Schönste und Beste wäre immer noch zur Vervollkommnung fähig.

Machen Sie sich zudem bewusst, dass Sie nicht in die Zukunft sehen können. Sie wissen nicht, wie andere reagieren, selbst wenn Sie alles bis ins Detail zu planen versuchen. Hier trifft das oft zitierte Sprichwort zu: »Erstens kommt es anders, und zweitens als man denkt«. Und noch etwas sollten Sie bedenken: In der Regel übertreiben wir maßlos, wenn es um die Bedeutung eines Fehlers geht. Wenn wir die Geschichte von erfolgreichen oder einflussreichen Menschen ansehen, dann fällt auf, dass sie nicht deshalb erfolgreich oder wichtig waren, weil sie keine Fehler gemacht hätten, sondern weil sie diese anders interpretierten: Sie betrachteten ihre Fehler als Lehrmeister.

Eine veränderte Einstellung zu uns selbst, zu unseren Fehlern und Schwächen ist das Rezept, wie wir die Versagensangst therapieren können. Wer sich selbst wertschätzen kann, kann sich auch Fehlleistungen und Makel vergeben. Der große protestantische Theologe und Widerstandskämpfer Dietrich Bonhoeffer, der von den Nazis ermordet wurde, brachte es auf den Punkt. Er sagte: »Den größten Fehler, den man im Leben machen kann, ist, immer Angst zu haben, einen Fehler zu machen.«

Die buddhistische Tradition weist darüber hinaus noch auf etwas sehr Wichtiges hin: Auch unser Selbstbild ist nur ein Konstrukt und stellt keine feste, absolute Größe dar. Solange wir uns dessen nicht bewusst sind, identifizieren wir uns jedoch damit. Wir glauben daher, dass wir, wenn wir Fehler machen, selbst fehlerhaft und defizitär wären. Fehlerhaftigkeit wird so zu einem Wesensmerkmal, was es aber in Wirklichkeit nicht ist. Das Tragische ist, dass wir diese Sichtweise, auch wenn sie sich destruktiv auf uns auswirkt, kultivieren, weil wir immer bestrebt sind, uns an etwas Fixem festzuhalten. Besser ein stabiles negatives Selbstbild als gar keines, scheint die Devise zu sein. Doch das ist ein Irrtum. Wenn wir bereit sind, die starren Fixierungen aufzugeben, erfahren wir, dass uns nicht der bodenlose Abgrund verschlingt, sondern dass wir eine Offenheit erleben, die uns frei agieren lässt und die es uns erlaubt, mit Misserfolgen konstruktiv umzugehen. Es ist diese Offenheit, die eine Berührung mit unserem wahren Wesen ermöglicht.

Buchtipp: Luise Reddemann & Sylvia Wetzel. *Der Weg entsteht unter deinen Füßen. Achtsamkeit und Mitgefühl in Übergängen und Lebenskrisen.* Kreuz, Freiburg 2011

Atemübung: Wechselseitige Nasenatmung

Diese Atemübung hat eine unvergleichlich beruhigende Wirkung. Sie harmonisiert das Nervensystem und hilft bei Angstzuständen. Gleichzeitig erfrischt und belebt sie umgehend Körper und Geist. Sie können sich dafür zurückziehen und in Ihre gewohnte Meditationshaltung begeben, es funktioniert aber auch, wenn Sie beispielsweise vor einem wichtigen Gespräch ein paar Minuten allein im Büro sitzen.

- Atmen Sie einige Male tief ein und aus.
- Heben Sie dann die rechte Hand und verschließen Sie mit dem Ringfinger das linke Nasenloch.
- Atmen Sie tief durch das rechte Nasenloch ein und zählen Sie dabei bis 4.
- Verschließen Sie mit dem Daumen das rechte Nasenloch und zählen Sie mit angehaltenem Atem wieder bis 4.
- Öffnen Sie das linke Nasenloch und atmen Sie 4–8 Sekunden lang aus. Je länger Sie ausatmen, desto besser. Versuchen Sie, Ihre Lungen vollkommen zu entleeren.
- Atmen Sie durch das linke Nasenloch ein und zählen Sie dabei bis 4.
- Schließen Sie das Nasenloch wieder mit dem Ringfinger und zählen Sie dabei mit angehaltenem Atem bis 4.
- Jetzt atmen Sie durch das rechte Nasenloch 4–8 Sekunden aus. Das ergibt einen vollständigen Atemturnus.
- Wiederholen Sie diesen Atemturnus mindestens 5 mal.

Wenden Sie diese Atemübung immer an, wenn Sie sich beruhigen wollen und wenn Sie ängstlich, nervös oder aufgeregt sind.

Achtsamkeitsübung: Die Angst zulassen

Entspannen Sie sich in Ihre Angst hinein! Dieser Rat mag seltsam klingen, doch die Vorgehensweise ist äußerst wirkungsvoll. Je stärker Sie in die Abwehr gehen, desto größer wird die Angst. Denn je heftiger Sie gegen etwas angehen, umso eher speichert Ihr Gedächtnis genau dies ab.

Entscheiden Sie sich also dafür, Ihre Angst zuzulassen. Spüren Sie Ihren Körper in seinem ganzen Aufruhr. Ihre aufgewühlten Gedanken und Gefühle.

Nehmen Sie Ihren unregelmäßigen Atem und Ihren schnellen Herzschlag ganz bewusst wahr. Solange es Ihnen möglich ist, dies alles wahrzunehmen, sind Sie nicht völlig mit Ihrer Angst identifiziert. Machen Sie sich bewusst, dass Sie Angst haben, aber diese Angst nicht sind.

Atmen Sie langsam und tief ein und aus und beobachten Sie, was passiert. Durch die vertiefte und langsame Atmung schicken Sie an Ihr Gehirn eine wichtige Botschaft, die da lautet: Entspannung ist möglich. So wie Ihr Körper auf Stress, Angst, Anspannung mit einer beschleunigten Atmung reagiert, so können Sie den Prozess auch bewusst umkehren, indem Sie ihm durch ruhigen Atem signalisieren, dass die Gefahr vorbei ist. Auf diese Weise gestatten Sie es der Angst, weiterzuziehen.

Erkennen. Wahrnehmen. Zulassen. Loslassen. Das sind die vier Schritte, die aus der Angst und anderen schwierigen Gefühlen herausführen.

KRITIKSUCHT

Wie wir zum liebevollen Umgang mit uns selbst und anderen gelangen

Es scheint eine urmenschliche Angewohnheit zu sein, die Fehler und Schwächen der anderen mit besonderer Hingabe zu diskutieren. Hand aufs Herz: Wer hat sich nicht schon einmal über die Marotten und Fehler anderer genüsslich ausgelassen? Vermutlich werden dies nur die Wenigsten von uns mit gutem Gewissen sagen können. Sollten Sie zu dieser Gruppe gehören, dann können Sie das Kapitel getrost überblättern.

Etwas anderes ist es jedoch, wenn Sie jede Kleinigkeit, jeden Fehler bei Ihren Mitmenschen mit geradezu akribischer Besessenheit aufspüren und zur Sprache bringen. Problematisch ist diese Haltung zum einen, weil sie für das Opfer der Kritiksucht verletzend ist. Ganz ehrlich: Mögen Sie es selbst, wenn andere Ihnen jede Bagatelle vorhalten? Wer dauernd andere kritisiert, braucht sich nicht zu wundern, wenn diese zunehmend gereizt reagieren und sich zurückziehen. Wer seinen Fokus ausschließlich auf die Fehler der anderen richtet und regelrecht nach Fehlern sucht, macht sich nicht nur unbeliebt, sondern leidet wahrscheinlich selbst unter einem schwachen Selbstwertgefühl.

Dass wir uns lieber mit den Schwächen der anderen beschäftigen als mit unseren eigenen, ist zu einem gewissen Grad sogar plausibel. Unser Blick ist mehr nach außen und weniger nach innen gerichtet, das heißt, die Welt da draußen ist für uns leichter zu erkennen als unser eigener Innenraum. Deshalb nehmen wir an anderen wesentlich deutlicher Dinge wahr als an uns selbst. Dies ist keine neuzeitliche Entwicklung. Bereits Jesus machte seine Zeitgenossen darauf aufmerksam, dass sie, was die eigenen Schwächen anbelangt, etwas betriebsblind seien.

»Den Balken im eigenen Auge siehst du nicht, aber den Splitter im Auge des Nächsten.« Um diese Betriebsblindheit aufzuhellen, forderte bereits Buddha seine Schüler auf: »Schau nicht auf die Fehler anderer, was sie getan oder unterlassen haben. Schau, was du selbst getan und was du unterlassen hast.«

Sich selbst in den Blick zu nehmen, ist der erste Schritt zur Besserung. Wer sich selbst gegenüber ehrlich ist, erkennt, dass auch er nicht vollkommen ist. In der Tradition der christlichen Wüstenväter vertraten viele Altväter die Ansicht, die Beschäftigung mit den eigenen Fehlern und Schwächen sei für den Mönch völlig ausreichend, denn wer seine eigenen Fehler betrachte, der habe genug zu tun. Das Interessante ist, dass Menschen, die ihre eigenen Schwächen kennen und bereit sind, sie anzunehmen, im Umgang mit den Fehlern anderer deutlich duldsamer werden. Denn sie beginnen zu verstehen, weshalb sich jemand aufgrund seiner eigenen Biografie so verhält.

Wer sich hingegen seiner eigenen Schwächen nicht bewusst ist und sie verdrängt, der macht sein Gegenüber zur unbewussten Projektionsfläche der eigenen Unzulänglichkeiten, das heißt, er überträgt sie auf den anderen. Und genau dort werden sie dann massiv bekämpft.

Wenn Sie im Umgang mit anderen Menschen duldsamer werden möchten, ist es hilfreich, Ihre eigenen Marotten nicht nur zu erkennen, sondern auch zu akzeptieren. Erst wenn Sie nicht mehr in den (meist unbewussten) Widerstand dazu gehen, können Sie beginnen loszulassen. Die Haltung des Widerstandes fordert sehr viel Energie und bindet Sie an genau das, was Sie bekämpfen.

In den spirituellen Traditionen wird zudem noch auf ein weiteres Problem der Kritiksucht verwiesen. Das permanente Be- und Verurteilen zerstört die eigene Seelenruhe, weil wir an dem haften, was wir ablehnen. Wer Dinge stehen lassen kann, ohne sie gleich zu bewerten und abzuwerten, tut sich selbst letztlich den größten Gefallen. Von Altvater Agathon wird berichtet: »Wenn er etwas sah und sein Herz über die Sache urteilen wollte, sprach er zu sich: ›Agathon, tu das nicht!‹ Und so kam sein Denken zur Ruhe.« Es ist sehr hilfreich, sich dies immer wieder vor Augen zu halten. Üben Sie diese Haltung ein, indem sie bewusst darauf verzichten, über etwas zu urteilen, was nicht in Ihren Vorstellungsrahmen passt, sei es die Einstellung oder die Äußerung eines anderen Menschen. Die Kunst der Urteilsenthaltung kommt uns selbst und unseren Mitmenschen zugute. Sie hat auch nichts mit Gleichgültigkeit zu tun, sondern mit echter Wertschätzung und mit Respekt dem anderen gegenüber.

Dies bedeutet jedoch nicht, dass jede Form von Kritik per se negativ und zu unterlassen sei. Gerade im beruflichen Alltag, aber auch in Beziehungen ist es immer wieder notwendig, Fehler anzusprechen. Entscheidend ist jedoch die Art und Weise, wie und aus welcher inneren Haltung heraus wir dies tun. Geschieht dies respektvoll und um der Sache willen? Oder wollen wir einen anderen bloßstellen, ihn verletzten, uns selbst größer fühlen und besser dastehen lassen? Wenn Sie etwas ansprechen, sei es im beruflichen oder privaten Umfeld, sollten Sie zuerst auf Ihre innere Motivation achten. Und im Zweifelsfall gilt: Reden ist Silber, Schweigen ist Gold.

Buchtipp: Katharina Ceming. *Ab in die Wüste*. Kösel, München 2013

Alltagsübung: Nicht kritisieren

Nehmen Sie sich für einen Tag vor, nichts und niemanden zu kritisieren. Wann immer ein bewertender Gedanke kommt, nehmen Sie ihn wahr, begrüßen Sie ihn wie einen alten Bekannten auf der Straße und lächeln Sie ihm zu. Und lassen Sie ihn dann vorübergehen.

Beobachten Sie, wie viele dieser kritischen Gedanken und Bewertungen in Ihnen entstehen. Vielleicht wollen Sie innerlich eine Strichliste führen. Gut möglich, dass Sie überrascht sein werden, wie viele kritische Gedanken sich da so ansammeln.

Sie können sich auch angewöhnen, Ihr Armband oder einen Ring immer dann von der einen auf die andere Hand zu wechseln, sobald Sie etwas kritisieren. Das kann ganz schön lästig sein und macht noch mehr bewusst, wie oft wir etwas bewerten.

Halten Sie am Abend Rückschau: Wie fühlen Sie sich nach diesem Tag? Hat sich etwas in Ihnen verändert?

Meditation: Auf das Positive blicken

Begeben Sie sich für die Meditation an einen ungestörten Ort, nehmen Sie eine aufrechte Meditationshaltung Ihrer Wahl ein und schließen Sie die Augen. Denken Sie nun an jemanden, demgegenüber Sie kritisch eingestellt sind oder den Sie erst kürzlich kritisiert haben. Was war der Grund dafür? Was genau stört Sie an diesem Menschen?

Verändern Sie nun ganz bewusst die Perspektive. Nähern Sie sich diesem Jemand mit Wohlwollen, Offenheit und Neugier. Fragen Sie sich: Welche positiven Eigenschaften hat dieser Mensch? Was gefällt mir an ihm? Erkennen Sie, wie komplex er ist und wie er neben den Eigenschaften, die Sie stören, auch viele gute Eigenschaften hat, die Sie schätzen. Benennen Sie innerlich diese Qualitäten. Und danken Sie dem Menschen dafür.

Beenden Sie Ihre Meditation, indem Sie ihm von Herzen Glück wünschen: »Mögest du glücklich sein.« Sie werden feststellen, dass Sie nach der Meditation eine ganz neue Verbundenheit zu diesem zuvor so kritisch beäugten Mitmenschen spüren können.

ZERSTREUTHEIT
Endlich im eigenen Leben ankommen

Ganz ehrlich: Ist es Ihnen auch schon passiert, dass Sie mit dem Auto an Ihrem Zielort ankamen, ohne sich anschließend daran erinnern zu können, durch welche Landschaft Sie gefahren sind, welche Straßen Sie benutzt haben und wie genau Sie eigentlich dort hingekommen sind? Was ist in dieser Zeit geschehen? Und wo waren Sie eigentlich?

Der amerikanische Achtsamkeitslehrer Jon Kabat-Zinn würde Ihre mentale Abwesenheit damit erklären, dass nicht Sie in dieser Zeit am Steuer saßen, sondern Ihr Autopilot die Führung übernommen hatte. Dieser wird immer dann aktiv, wenn wir in Gedanken versunken und getrennt von Körper und Gefühlen unsere Alltagspflichten verrichten, dabei über die Vergangenheit nachsinnen, die wir sowieso nicht mehr ändern können, und über die Zukunft spekulieren, auf die wir doch keinen Einfluss haben. Allzu oft vergessen wir darüber das eigentliche Leben, es entgleitet uns und scheint immer irgendwo anders stattzufinden, nur nie da, wo wir gerade sind. Und während wir in einem Zustand der Zerstreutheit meist neben, statt in unserem Körper leben und sehnsüchtig auf die intensiven Erlebnisse und ultimativen Kicks hoffen, die uns mit Wucht in unser eigenes Leben katapultieren könnten, vollzieht sich dieses – von uns weitgehend unbeachtet – unablässig Augenblick für Augenblick.

Denn auch wenn es uns nicht gefallen mag: Für die meisten von uns besteht das Leben weniger aus Abenteuern und Gipfelerlebnissen, es ist vielmehr einem geregelten Arbeitsablauf unterworfen, ist bestimmt von familiären und gesellschaftlichen

Verpflichtungen und einer Vielzahl von Routineabläufen. Hinzu kommen Stress und Hektik, denen wir dabei ausgesetzt sind. Wie also kann es uns gelingen, in diesem, unserem ganz normalen Alltag so gegenwärtig zu sein, dass er selbst zu einem Erlebnis und damit zu gelebtem Leben wird? Wie können wir im eigenen Leben ankommen, anstatt diesem ständig hinterherzuhetzen oder vor ihm auf der Flucht zu sein? Bereits im Januar freuen wir uns auf den Sommerurlaub und schmieden dann in der Sonne sitzend Pläne für die Weihnachtsbesuche. Und wie oft hoffen wir bereits beim morgendlichen Weg zur Arbeit, dass bald Feierabend sein möge, nur um uns dann am Abend gelangweilt auf dem Sofa vor dem Fernseher wiederzufinden.

Genau diese innere Haltung ist es, die uns so ruhelos und zerstreut durchs Leben streifen lässt. Wir leben in den Tag hinein, als ob uns alle Zeit der Welt zur Verfügung stünde. Und verpassen so viele unwiederbringliche Augenblicke des Lebens.

Die Achtsamkeit lehrt uns, aufmerksam zu werden für all die Dinge, die wir allzu oft als selbstverständlich hinnehmen. Ihre Grundlagen basieren auf 2500 Jahren buddhistischem Geistestraining. Vormals in der Abgeschiedenheit der Klöster praktiziert, hielt die Achtsamkeitspraxis in den vergangenen Jahrzehnten rasanten Einzug in den säkularisierten Westen. Welch hochwirksames Handwerkszeug uns die buddhistische Geistesschulung damit an die Hand gibt, beginnen wir im Westen derzeit erst so richtig zu erkennen. Denn die Achtsamkeit ist ein Weg, der genau das fördert, was wir in der heutigen hektischen und reizüberfluteten Welt so schwer erlangen und wonach wir uns so sehr sehnen: innere Balance und Stärke, Gelassenheit und Ruhe.

Ohne Achtsamkeit und innere Sammlung können wir kein bewusstes Leben führen. Wenn wir wirklich in Kontakt mit der

Unmittelbarkeit des Lebens kommen wollen, bleibt uns gar nichts anderes übrig, als nach Wegen aus der täglichen Zerstreutheit zu suchen. Es geht um die Einübung der Präsenz im ganz normalen Alltag. Es geht um die Integration von Körper, Geist und Gefühl im täglichen Leben. Hierfür bietet die Achtsamkeitspraxis viele praktische und alltagstaugliche Methoden, die nicht einmal zeitaufwendig sind. Eine kleine und sehr effektive Übung besteht darin, während des Tages immer wieder für einen kurzen Moment innezuhalten, den eigenen Körper zu spüren und sich zu fragen: »Bin ich gerade wirklich anwesend in meinem Leben? Lebe ich diesen Augenblick?«

Der vietnamesische Mönch Thich Nhât Hanh ist seit vielen Jahren ein geduldiger Lehrmeister darin, uns zerstreuten Westlern eine Vielzahl an praktischen Achtsamkeitsübungen an die Hand zu geben, angefangen beim achtsamen Essen, Duschen, Kochen bis hin zum Telefonieren und Autofahren. Die Übungen sind erfrischend in ihrer Einfachheit. Für rege und kreative Köpfe, die stolz darauf sind, die Kunst des Multitasking zu beherrschen, können sie aber durchaus eine Herausforderung, wenn nicht gar eine Zumutung darstellen. »Wie langweilig«, begehrt unser kritischer Geist vielleicht ungeduldig auf, wenn wir in der Anleitung zum morgendlichen Teetrinken lesen, wie wir bewusst einatmen und ausatmen, unsere ganze Aufmerksamkeit auf das Trinken des Tees richten und dabei auch noch der Teetasse zulächeln sollen. Wie viel lieber würden wir diese Zeit nutzen, um im neuesten Buch über Achtsamkeit zu blättern, anstatt die Zeit mit achtsamem Teetrinken zu verplempern …

Doch aller Widerstände zum Trotz werden Sie die Erfahrung machen, dass Ihr Leben eine ganz andere Qualität erhält, wenn Sie sich die Zeit nehmen, sich auf diese Übungen einzulassen. Denn wir können noch so viel über Achtsamkeit lesen, erst wenn wir bereit sind, sie mittels Übungen anzuwenden und tief in unserem Körper zu verankern, weicht die Zerstreutheit einer zunehmenden Gegenwärtigkeit. Wir kommen uns selbst auf die Spur. Und wir lernen uns täglich besser kennen.

Allen zerstreuten Zeitgenossen, die ebenso wie die meisten von uns trotz bester Vorsätze immer wieder aus der Achtsamkeit fallen, seien die Worte von Jon Kabat-Zinn als Trost mit auf den Weg gegeben: »Der Moment, in dem Sie bemerken, dass Sie nicht achtsam sind, ist ein Moment höchster Achtsamkeit«.

Buchtipp: Christa Spannbauer. *40 Tage Achtsamkeit*. Herder, München 2015

Achtsamkeitsübung: Achtsames Essen

Unsere täglichen Mahlzeiten sind eine ideale Gelegenheit, aus dem Modus der Zerstreutheit auszusteigen und diese Zeit ganz bewusst zur Sammlung zu nutzen. Gerade beim Essen können wir einen achtsamen Umgang mit unserem Körper, seinen Bedürfnissen und ebenso mit unseren Gefühlen und Gedanken einüben. Nutzen Sie daher bei Stress und Hektik die Mahlzeiten dazu, um zur Ruhe zu kommen.

Stellen Sie als Erstes das Multitasken ein, das wir uns beim Essen angewöhnt haben. Schalten Sie den Computer aus, legen Sie die Zeitung beiseite und lassen Sie den Fernseher ausgeschalten. Nehmen Sie dafür all Ihre Sinne und Ihre gesammelte Aufmerksamkeit mit an den Esstisch.

Richten Sie Ihr Interesse auf die Speisen, die vor Ihnen auf dem Teller liegen. Wie riechen Sie? Wie sehen Sie aus? Beginnen Sie dann mit dem ersten Bissen und essen Sie bewusst langsamer als sonst. Nehmen Sie sich Zeit, jeden Bissen aufmerksam zu kauen, sodass sich der Geschmack der Speisen entfalten kann. Genießen Sie! Auch im Einfachen ist der Genuss zu finden, wenn wir uns ihm achtsam zuwenden.

Legen Sie das Besteck ab, während Sie kauen. Bleiben Sie mit Aufmerksamkeit ganz bei dem, was Sie essen. So wird die Mahlzeit zu einer gesammelten und erholsamen Zeit in Ihrem Tagesablauf.

Visualisierungsübung: Die Achtsamkeitsdusche

Diese kleine und sehr praktische Übung wird von Linda Lehrhaupt, der Gründerin des *Instituts für Achtsamkeit und Stressbewältigung*, empfohlen und stellt eine Kurzvariante des Bodyscans aus der Achtsamkeitspraxis dar. Wenden Sie diese

Übung immer dann an, wenn Sie sich zerstreut und unkonzentriert fühlen. Sie werden schon nach kurzer Zeit feststellen, dass Sie durch diese Übung einen besseren Zugang zu Ihren Empfindungen sowie Ihrem Körper bekommen und Ihre Gedanken klarer und gesammelter sind. Sie können diese praktische Übung als Morgen- oder Abendmeditation an einem ungestörten Ort durchführen. Ebenso können Sie aber auch die Zeit in U-Bahn, Bus oder im Wartezimmer des Arztes für eine kleine Achtsamkeitsdusche nutzen.

Atmen Sie einige Male ruhig ein- und aus. Stellen Sie sich nun vor, dass Sie unter einer »Achtsamkeitsdusche« sitzen oder stehen. Lassen Sie die Achtsamkeit wie warmes Wasser von Ihrem Scheitel herab über Ihren ganzen Körper fließen. Spüren Sie die Wärme, die sich dabei in Ihrem Körper ausbreitet.

Nehmen Sie Kontakt auf mit den verschiedenen Bereichen Ihres Körpers: Gesicht, Oberkörper, Arme, Unterkörper, Beine. Gibt es Bereiche, in denen Sie Verspannungen fühlen? Lenken Sie die Achtsamkeit wie einen Duschkopf sanft auf diese Stellen und genießen Sie die entspannende Wirkung der Wärme.

Spüren Sie, wie der Atem durch Ihren Körper fließt und Ihre Bauchdecke sanft hebt und senkt. Beenden Sie die Achtsamkeitsdusche, indem Sie einige Male ganz bewusst ein- und ausatmen. Der Atem ist unser bester Vermittler zwischen Geist und Körper. Er unterstützt uns darin, im eigenen Körper anzukommen und in diesem beheimatet zu sein.

DAS SORGENKARUSSELL

Wie wir inneren Frieden finden

Scheinbar unbemerkt hat er sich wieder einmal eingeschlichen, der kleine, heimtückische Geselle, und es gefällt ihm hier richtig gut. Er räkelt und streckt sich und richtet sich bequem ein, denn er hat nicht vor, seine komfortable Loungezone so schnell wieder zu verlassen. Es geht hier nicht um den Economyclass-Passagier, der sich in den Loungebereich seiner Luftlinie hineingemogelt hat, sondern um einen unangenehmen Gast in unserem Leben: den immer wiederkehrenden Sorgengedanken. Kaum hat er sich Zugang zu unserem Bewusstsein verschafft, beginnt er seine schier nie enden wollenden Bahnen in unserem Geist zu ziehen. Und wir schauen ihm dabei nicht nur zu, sondern steigen sofort zu ihm ins Karussell und ziehen mit ihm unsere Runden.

Hat er uns erst einmal in seinen Bann gezogen, folgen wir ihm auf Schritt und Tritt. Das Fatale an dieser Gefolgschaft ist, dass wir nun alles, was passiert, durch seine Brille sehen. Und diese Brille ist leider ein ziemliches Zerrglas. Nichts, was durch sie wahrgenommen wird, entspricht der Realität. Alles vergrößert sich zu monströsen Ausmaßen, weil diese Brille unsere Ängste wie in einem Brennglas fokussiert.

Im Buddhismus werden Gedanken in die Kategorien heilsam, unheilsam oder neutral unterteilt. Unheilsame Gedanken werden durch eine falsche Beurteilung der Wirklichkeit erzeugt. Der Sorgengedanke produziert – buddhistisch gesprochen – durch seine verzerrende Wahrnehmung der Wirklichkeit weitere unheilsame Gedanken und Geisteszustände.

So haben wir nun beispielsweise nicht mehr bloß Angst, die anstehende Präsentation vor der Abteilung zu halten, sondern sind uns ganz sicher, dass diese schiefgehen wird, weil wir noch nie etwas gut gemacht haben, die Kollegen seit Tagen schon so komisch schauen, der Chef gestern unfreundlich war etc. Wir sind uns todsicher, dass wir für unseren Job einfach nicht geeignet und qualifiziert sind – im Gegensatz zu allen anderen. Zu einer völlig verzerrten Selbstwahrnehmung gesellt sich noch eine verzerrte Wahrnehmung äußerer Umstände.

Der Sorgengedanke schafft es nicht nur, eine ungeheure Dynamik zu entwickeln, sondern unendlich viele falsche Kausalitäten zu erzeugen, die im Moment ihres Erscheinens jedoch völlig stimmig erscheinen. Vielleicht war Ihr Chef gestern tatsächlich schlecht gelaunt, aber mit größter Wahrscheinlichkeit nicht wegen Ihrer anstehenden Präsentation. Vom Sorgengedanken infiziert, erscheint jedoch eine andere Betrachtung der schlechten Laune des Chefs völlig ausgeschlossen.

Wenn wir den Sorgengedanken wieder loswerden möchten, müssen wir Maßnahmen ergreifen. Der erste und wichtigste Punkt ist, zu erkennen, dass wir vom Sorgenvirus infiziert sind. Das klingt sehr banal, ist es aber nicht. Wir müssen begreifen, dass die Horrorszenarien, die unser Geist produziert, nicht real sind, sondern Konstrukte unseres Bewusstseins, die gespeist werden von schlechten Erfahrungen der Vergangenheit, unrealistischen Betrachtungen dessen, was ist, und übertriebenen Ängsten vor dem, was kommen wird. Natürlich gibt es auch durchaus berechtigte Ängste. Die Existenzsorge des Freiberuflers, der seit Monaten kaum mehr einen vernünftigen Umsatz gemacht hat, ist nicht nur eine Horrorfantasie. Aber auch bei berechtigten Ängsten müssen wir uns klarmachen, dass das permanente Wälzen destruktiver Gedanken keine Lösung bringt.

Die fatale Wirkung der Gedanken, die sich eigenmächtig ihre Wirklichkeit schaffen, erkannte Buddha bereits vor 2500 Jahren. Im Satipatthana-Sutra, einem Text aus dem Palikanon, der die Lehre Buddhas beinhaltet, gab dieser seinen Mönchen eine klare Anweisung, wie sie mit Gedanken umgehen sollten. Der meditierende Mönch soll den im Geist auftauchenden Gedanken anschauen und sich nicht mit ihm identifizieren. Anschauen heißt, sich ihn bewusst zu machen, nicht-identifizieren heißt, ihn nicht mit neuen Gedanken zu füttern und immer weitere Gedankenketten zu erzeugen.

Wenn es uns nun gelingt, immer wieder die Identifikation mit unseren Gedanken zu unterbrechen, indem wir sie als solche erkennen und nicht als die Wirklichkeit an sich, ist uns ein weiterer Schritt möglich. Wir können nun auch die emotionalen Inhalte unserer Gedanken in den Blick nehmen. Gedanken sind nämlich nicht nur ein paar kühle geistige Konstrukte, sondern sie sind oftmals emotional gefärbt. Diese Färbung gilt es wahrzunehmen. Erst unsere Bewertungen lassen eine Situation zu einer Katastrophe oder zu einem x-beliebigen Ereignis werden. Es liegt an uns, die jeweilige Bewertung zu ändern. Doch dafür ist es notwendig, dass wir uns nicht länger als Opfer der Umstände fühlen.

Und noch ein Aspekt ist hilfreich, um aus dem Sorgenkarussell auszusteigen: zu akzeptieren, dass das Leben unvorhersehbar ist. In dem Moment, in dem wir bereit sind, die Unwägbarkeiten des Lebens anzunehmen, haben wir den ersten Schritt in die richtige Richtung getan: hin zu mehr Gelassenheit und Lebensfreude.

Buchtipp: Ute Lauterbach, Isolde Schmitt-Menzel. *Raus aus dem Gedankenkarussell: Wie Sie leidige Gedanken und Grübelattacken genüsslich ins Leere laufen lassen.* Kösel, München 2004

Alltagsübung: Belastende Gedanken veräußern

Wenn sich Ihre Gedanken ständig wie auf einem Karussell im Kreise drehen, können Sie mit dieser effektiven Methode vom Karussell absteigen. Nehmen Sie sich ein Notizbuch oder einen Zettel zur Hand und schreiben Sie Ihre belastenden Gedanken ohne lange nachzudenken nieder. Es reichen hierfür bereits einige Stichwörter. Damit bringen Sie Ihre Sorgen aus dem Kopf nach außen. »Veräußern«, nennt die Psychologie diese wirksame Maßnahme. Der Gedanke ist nun für Sie sichtbar, er liegt in geschriebener Form vor Ihnen und Sie können ihn gleichsam abhaken. Diese Methode ist auch nachts zu empfehlen, wenn Sie nicht einschlafen können oder aufwachen, weil Ihnen ständig Sorgen durch den Kopf gehen. Legen Sie für diesen Fall ein Notizbuch neben das Bett.

Visualisierungsübung: Sorgen ziehen lassen

Diese Übung können Sie überall machen, ob im Sitzen, Liegen oder im Stehen.

Stellen Sie sich vor, Sie liegen auf einer schönen Wiese an einem warmen, leicht bewölkten Tag. Sie blicken in den Himmel, an dem immer wieder Wolken vorbeiziehen. Nutzen Sie diese Wolken als Transportmittel, um Ihre Sorgen loszulassen.

Jedes Mal, wenn ein belastender Gedanke auftaucht, setzen Sie ihn auf eine vorbeiziehende Wolke und blicken ihm einfach nach. Es wird vermutlich nicht lange dauern, bis der nächste Sorgengedanke auftaucht, verfahren Sie mit ihm genau wie mit dem ersten. Und mit dem nächsten ebenso.

Nach einiger Zeit werden Sie feststellen, wie Sie ruhiger werden und das Sorgenkarussell aufhört, sich zu drehen, denn Ihre Sorgen sind mit den Wolken weitergezogen.

CHAOS UND UNORDNUNG
Die Kunst des einfachen Lebens

»Ich sage euch: man muss noch Chaos in sich haben, um einen tanzenden Stern gebären zu können«, verkündete dereinst Friedrich Nietzsche. Und die alten Griechen sahen im Chaos den Urstoff, aus dem erst alles andere entsteht. Das Chaos ist die Matrix, die Ordnung und Struktur ermöglicht. »Wahrlich, zuerst entstand das Chaos und später die Erde …« heißt es beim griechischen Dichter Hesiod in seiner *Theogonie*. Wenn Sie angesichts des Chaos auf Ihrem Schreibtisch oder in der ganzen Wohnung regelmäßig von Kreativitätsschüben überschüttet werden, verstehen Sie diesen Lobpreis vermutlich und haben kein Bedürfnis, an dem Sie umgebenden Chaos etwas zu ändern. Sollten Sie aber zu den Menschen gehören, die zum wiederholten Mal zu spät zu einem Termin gekommen sind, weil Sie Ihre Wohnungsschlüssel nicht mehr finden konnten, die Stunden damit verbracht haben, wichtige Unterlagen zu suchen oder den Zorn Ihrer besten Freundin zu besänftigen, da diese wieder einmal von Ihnen versetzt wurde, werden Sie das Chaos in diesen Momenten wohl eher verfluchen. Das besonders Gemeine am Chaos ist, dass Sie sich nach der letzten nervenraubenden Such- oder Besänftigungsaktion sicherlich geschworen hatten, in Zukunft ordentlicher zu sein.

Ordnung und Struktur können das Leben enorm erleichtern. In einem Land, in dem die Ordnungstugend jedoch zum Nationalcharakter zählt, ist es für viele Menschen gar nicht so leicht, ein entspanntes Verhältnis zur Ordnung zu entwickeln. Wer von Kindheit an eingebläut bekam, Ordnung zu halten, wird diese vermutlich nicht als ein den Alltag gut strukturierendes Instrument wahrnehmen, sondern als etwas Restriktives und das Leben Beschneidendes. Es ist daher sehr hilfreich, sich zunächst die eigenen Glaubenssätze zu diesem Thema zu vergegenwärtigen. Solange Ordnung nämlich primär negativ aufgeladen ist, werden wir alles tun, um nur ja nicht ordentlich zu sein, selbst wenn wir unter dem Chaos leiden.

Wem der Leidensdruck zu groß geworden ist und wer wirklich etwas mehr Struktur in sein Leben bringen möchte, der sollte sich eines bewusst machen: Der Weg vom Chaos zu mehr Ordnung ist ein Weg der kleinen Schritte und er geht vom Äußeren zum Inneren. Chaos manifestiert sich zwar am offensichtlichsten in den Dingen, die herumliegen, aber auch unser Umgang mit Zeit, mit Finanzen, mit Beziehungen etc. kann vom Chaos dominiert sein. Der Theologe Werner Tikki Küstenmacher empfiehlt uns, unseren Alltag zu vereinfachen, und damit wieder an den Rhythmus des Lebens anzuknüpfen, uns einzufinden in die große Ordnung des Seins. Um dies zu erreichen, ist es hilfreich, sich klare Etappenziele zu setzen. Wer aus seiner chaotisch anmutenden Wohnung in einem Anlauf eine Musterwohnung für »Schöner Wohnen« zaubern will, wird relativ schnell die Flinte ins Korn werfen. Setzen Sie sich realistische Ziele, um Ordnung zu schaffen. Fangen Sie klein an und schauen Sie genau hin: Aus welcher inneren Haltung heraus gehe ich mit Dingen oder Menschen um?

Der heilige Benedikt wies die Mönche seines Klosters in der Ordensregel an, mit den alltäglichen Dingen des Lebens genauso achtsam umzugehen wie mit dem Altarschmuck. Das Alltägliche sollte die gleiche Aufmerksamkeit erfahren wie das Sakrale. Auf unser Leben übertragen bedeutet dies, dass wir mit allem, seien es Dinge, Beziehungen oder Zeit, bewusst und achtsam umgehen sollten, weil alles auf seine Weise wichtig und bedeutsam ist. Der Benediktiner Anselm Grün sagt in diesem Zusammenhang: »Die Achtsamkeit möchte uns in Kontakt bringen mit den Dingen, mit den Menschen.« Unsere normale Umgangsweise ist jedoch oftmals vom Gegenteil geprägt: Wir sind nicht präsent und dementsprechend unachtsam. Diese Unachtsamkeit ist eine der Samenzellen des Chaos. Beispielsweise legen wir Dinge häufig ohne nachzudenken irgendwohin, um sie hinterher wie verrückt zu suchen. Legen Sie deshalb Ihren Schlüssel, Ihre Brille, die Tagespost, um nur ein paar Beispiele zu nennen, ganz bewusst an einen dafür reservierten Ort, auch wenn Sie dafür ein paar Meter laufen müssen. Das ist eine wunderbare Achtsamkeitsübung: nicht alles dort liegen zu lassen, wo man gerade ist, sondern mit den Gegenständen des Alltags wertschätzend umzugehen und ihnen einen gebührenden Platz einzuräumen. Wie so oft ist das ganz normale Leben ein ideales Übungsfeld für die Spiritualität.

Dies betrifft in gleicher Weise die Beziehungsebene. Wenn Sie das Gefühl haben, Ihre Beziehungen gestalten sich reichlich chaotisch, weil es Ihnen nicht mehr gelingt, alles unter einen Hut zu bekommen, dann blicken Sie bewusst auf das, was Sie tun. Vielleicht bringen Sie Termine durcheinander und verzetteln sich in zahllosen Aktivitäten, weil Sie es allen recht machen und für alle Zeit finden wollen? Doch leider sind wir genau aus diesem Grund nirgendwo wirklich präsent. In die Präsenz zu gelangen, heißt, eine heilsame Ordnung in sich zu entwickeln, die den Fluss des Lebens erst ermöglicht.

Buchtipp: Werner Tikki Küstenmacher. *Simplify your life.* Knaur, München 2013

Alltagsübung: Die Reisschale waschen

»Meister, wie gelange ich zur Erleuchtung?«, fragte der Mönch.

»Hast du gerade gegessen?«

»Ja.«

»Gut, dann geh' und wasche deine Reisschale.«

In der typisch lakonischen und oftmals auch paradoxen Art des Zen beschreibt hier ein Zenmeister seinem Schüler den einfachsten und zugleich schwersten Weg zum Erwachen: den Alltag zum Übungsfeld zu machen. Auch wenn es Ihnen vielleicht zunächst nicht um Erleuchtung geht, sondern nur darum, etwas mehr Ordnung in Ihr Leben zu bekommen, ist dies einer der besten Übungswege.

Machen Sie das, was Sie machen, in einer präsenten Geisteshaltung. Wenn Sie etwas in die Hand nehmen, tun Sie es nicht nebenbei, während Sie noch drei weitere Dinge erledigen oder mit den Gedanken ganz woanders sind, sondern seien Sie sich Ihrer Handlung bewusst.

Um sich im Alltag immer wieder an diesen Vorsatz zu erinnern, können Sie auch Ihr Handy so programmieren, dass es Sie alle paar Stunden einlädt, kurz innezuhalten. Und heute machen Sie am besten gleich einmal das, was der Zen-Meister seinem Schüler auftrug: Waschen Sie Ihr Geschirr. Ganz bewusst und achtsam.

Achtsamkeitsübung: Zentrierung

- Setzen Sie sich in gerader Haltung auf einen Stuhl und schließen Sie die Augen.
- Nehmen Sie Ihren Körper ganz bewusst wahr. Spüren Sie Ihre Füße, die fest auf dem Boden stehen, dann Ihre Beine

und wandern Sie mit Ihrer Aufmerksamkeit weiter zur Körpermitte.

- Legen Sie dazu beide Hände auf Ihren Bauch. Spüren Sie, wie sich das anfühlt. Verweilen Sie einige Augenblicke bei diesem Gefühl.
- Stehen Sie nun langsam auf und bleiben Sie, während Sie aufstehen, mit der Aufmerksamkeit in Ihrem inneren Zentrum. Vielleicht spüren Sie nun die Energie, die von diesem Zentrum durch Ihren ganzen Körper fließt. Vielleicht können Sie Ihren Körper als Einheit erleben.
- Öffnen Sie anschließend die Augen und nehmen Sie auch den Raum um sich herum ganz präsent wahr. Spüren Sie sich in diesem Raum und gleichzeitig in Ihrer innersten Mitte.
- Aus dieser Haltung der Zentriertheit heraus können Sie nun wieder in der Außenwelt aktiv werden und dabei ganz bei sich bleiben.

PERFEKTIONISMUS
Wieso manchmal weniger mehr ist

Das umfangreiche Projekt ist endlich fertiggestellt. Nicht nur das: Es ist sogar richtig gut geworden, zumindest in den Augen der Kollegen. Doch was flüstert die innere Stimme unablässig: »Das hätte noch besser werden können! Ruh dich nur nicht auf deinen Lorbeeren aus! Die Kollegen können das doch gar nicht richtig beurteilen. Sie haben halt keinen Anspruch. Das Ganze ist ziemlich mittelmäßig …«

Der Wunsch, Dinge so perfekt wie möglich zu gestalten, ist zunächst nichts Negatives. Das Streben nach Perfektion und Vollkommenheit stellt nämlich eine ungeheure Energie dar, der wir den Fortschritt verdanken. Wir wollen uns nicht mit dem Nächstbesten zufriedengeben. Wir schöpfen Befriedigung daraus, unsere Möglichkeiten auszureizen. Wer sich stets unterfordert, lebt scheinbar bequem, aber er wird auf Dauer nicht wirklich glücklich. Wir wissen heute, dass Zufriedenheit unter anderem dadurch entsteht, dass wir etwas geleistet haben, was eine Herausforderung für uns war. Große Erfindungen und Entdeckungen in der Geschichte der Menschheit verdanken ihr Entstehen nicht selten genau jenem Streben nach Perfektion.

Der Wunsch, perfekt zu sein, stellt zudem auch eine uralte Sehnsucht des Menschen dar. Der griechische Philosoph Platon sah im Streben nach Vollkommenheit das Ziel menschlichen Lebens. In nichts weniger! Seiner Ansicht nach streben wir danach, weil sie in uns potenziell angelegt ist. Wir wollen das erlangen, was wir auf unbewusste, aber eigentümliche Weise als etwas Eigenes wahrnehmen.

Alle spirituellen Traditionen betonen, dass es im Menschen etwas Vollkommenes, etwas Göttliches gibt. Und dennoch erleben wir im Alltag oftmals ein Zu-viel-des-Guten, ein Übers-Ziel-Hinausschießen. Wenn sich bei Ihnen niemals Zufriedenheit einstellt, obwohl etwas gut gelungen ist, wenn Sie jeden Fehler als persönliche Niederlage und Katastrophe sehen, dann könnte die Diagnose Perfektionismus lauten. Wer unter Perfektionismus leidet, macht sich das Leben schwer; unabhängig davon, ob man zur Kategorie der nach Perfektion Strebenden gehört, also zu jenen Menschen, die nie mit dem Erreichten zufrieden sind, oder ob man eher zu perfektionistischer Besorgnis neigt, also überfordert ist, eine Entscheidung zu fällen, weil man immer nach der noch besseren Alternative sucht.

Wie bei vielen anderen Haltungen, die uns leiden lassen, ist es auch hier hilfreich, sich die damit verbundenen Glaubenssätze und das, wofür sie wirklich stehen, anzusehen. Wieso bin ich überzeugt, dass meine Leistung nicht ausreichend ist? Habe ich gelernt, dass ich nur dann etwas wert bin, wenn ich schier Unmögliches fertigbringe? Habe ich Anerkennung und Wertschätzung meiner Eltern nur erfahren, wenn ich besser war als andere? Habe ich immer wieder gehört, dass ich etwas ohnehin nicht kann, weil ich dumm oder untalentiert sei?

Erst wenn es uns gelingt, die Botschaften hinter unseren Glaubenssätzen zu entschlüsseln, können wir einen heilsamen Umgang damit finden. Echte Wertschätzung und Liebe bekommen wir nicht, weil wir etwas Großartiges geleistet haben, hierfür gibt es im besten Fall Anerkennung und Bewunderung, sondern weil wir als Person mit all unseren vielfältigen Eigenschaften einen anderen Menschen begeistern. Diese aufrichtige Wertschätzung hat nichts mit erbrachten Leistungen zu tun. Sie kann nicht errungen werden, sondern wird uns geschenkt!

Vielleicht ist der Perfektionismus aber auch ein Sicherheitsnetz, das uns vor der Unbill des Lebens beschützen soll? Gemäß dem

Motto: Wenn ich alles perfekt mache, dann kann mir nichts passieren. Oder: Weil ich nicht alles perfekt machen kann, mache ich lieber gar nichts. Oder: Ich mache alles perfekt, um mich nicht mit anderen Aufgaben auseinandersetzen zu müssen, weil ich Angst davor habe, mich weiterzuentwickeln.

Was wir jedoch brauchen, ist der Mut, Fehler zuzulassen, denn aus diesen lernen wir oft mehr als aus dem, was gelungen ist. Solange wir glauben, wir könnten unser Leben bis ins Letzte perfekt planen und absichern, sind wir auf der falschen Spur unterwegs. Die Sehnsucht nach Sicherheit ist zwar tief in uns angelegt – jeder Mensch braucht Sicherheitszonen, in die er sich bei Gefahr zurückziehen kann –, doch kann es in dieser Welt, deren Kennzeichen Veränderung ist, keine absolute Sicherheit geben. Unkontrollierbarkeit ist ein Teil des Lebensprozesses. In unserer Welt sind Kategorien wie »gut« oder »sehr gut« möglich, nicht aber »dauerhaft perfekt«.

Besonders in der buddhistischen Tradition wird mit Nachdruck immer wieder darauf verwiesen, dass in unserer Welt die Gesetzmäßigkeiten des Wandels und der Veränderung gelten. Solange wir diese Erkenntnis nicht verinnerlicht haben, galoppieren wir wie der gute alte Don Quijote ein ums andere Mal gegen Windmühlen an und verschleißen unsere Energie. Sobald wir uns mit unserem ganzen Dasein bereitwillig auf das Leben einlassen, erfahren wir, dass alles in Bewegung und im Fluss ist. Und wir erleben noch etwas: In jeder Veränderung steckt der Keim für etwas Neues. Ein Neuanfang ist immer möglich!

Buchtipp: Pierre Stutz. *Verwundet bin ich und aufgehoben: Für eine Spiritualität der Unvollkommenheit*. Kösel, München 2003

Atemübung: Prana harmonisieren

Wenn Sie Ihr eigenes Sicherheitsbedürfnis stärken wollen, empfiehlt sich folgende Atemübung. Diese hilft dabei, die eigene Lebensenergie, im Yoga und Ayurveda Prana genannt, zu harmonisieren und damit die Energien im Körper auszugleichen.

- Atmen Sie hierfür 5 Sekunden lang aus und 5 Sekunden lang ein. Achten Sie bei der Ausatmung darauf, vollständig auszuatmen und die dann einströmende Luft beim Einatmen sanft einfließen zu lassen.
- Während der Ausatmung geht der Bauch nach innen, beim Einatmen wölbt sich der Bauch sanft nach vorn. Die tiefe Bauchatmung hilft Ihnen, sich zu zentrieren.
- Verweilen Sie bei der Beobachtung der Atembewegung so lange es Ihnen guttut.

Wenn Sie sich wieder in Ihrer Mitte verankert fühlen und die damit verbundene Harmonie spüren, lassen Sie bewusst dieses angenehme Gefühl von Geborgenheit und Sicherheit durch Ihren Körper strömen.

Alltagsübung: Vergänglichkeit und Veränderlichkeit bewusst wahrnehmen

Eine schöne Übung, um sich der Relativität und damit der Veränderlichkeit aller Dinge und Prozesse in dieser Welt bewusst zu werden, ist es, ganz gezielt Veränderungen in der Außenwelt wahrzunehmen.

Wählen Sie eine Strecke, die Sie öfter zu Fuß gehen, und achten Sie unterwegs auf die Veränderungen in der Natur.

Vielleicht handelt es sich dabei lediglich um eine Hecke am Straßenrand, an der Sie jeden Tag vorbeikommen. Nehmen Sie den Wandel der Jahreszeiten wahr. Die Natur befindet sich in einem kontinuierlichen Prozess. Nichts bleibt, wie es ist. Die Zeit der schönsten Blüte vergeht, damit Früchte wachsen können.

Machen Sie sich deutlich, dass Veränderung nichts Negatives ist, sondern dass durch jeden Wandel etwas Neues entsteht. Erkunden Sie, was der Zen-Meister Mumon meinte, als er sagte:

»Die Blumen im Frühling – der Mond im Herbst,
im Sommer die kühle Brise – im Winter der Schnee!
Wenn unnütze Sachen den Geist nicht vernebeln,
ist dies des Menschen glücklichste Jahreszeit!«

STRESS
Oasen der inneren Ruhe schaffen

Fühlen Sie sich gerade gestresst, während Sie diese Zeilen lesen? Dann willkommen im Club! Immer mehr Menschen in den Industrienationen leiden heute unter einer dauerhaft hohen Belastung durch Beruf und Familie oder unter der schwierigen Vereinbarkeit beider Lebensbereiche. Aber nicht jede hohe Arbeitsbelastung muss gleich Stress sein. Wer etwas mit viel Freude macht, kann auch über längere Zeit eine große Beanspruchung aushalten, weil die Tätigkeit selbst nicht als kräftezehrend empfunden wird. In diesem Kontext spricht man von Eustress – positivem Stress. Daraus wird jedoch schädlicher Stress, wenn Motivation und Freude für die Tätigkeit verloren gegangen sind und es nicht mehr gelingt, abzuschalten.

Dass wir auf Stress körperlich reagieren, ist zunächst eine äußerst wichtige Schutzfunktion für unser System. Evolutionsbiologisch war diese Reaktion überlebenswichtig. Wenn unsere Vorfahren in Gefahrensituationen gerieten, versetzte das Stressverarbeitungsprogramm den Körper in eine Art Alarmbereitschaft. Stresshormone wurden vermehrt erzeugt, die das System in hoher Anspannung hielten, um mit der Gefahr besser fertigzuwerden. Das Problem liegt nur darin, dass das System ermüdet, wenn der Zustand der hohen Anspannung zu lange andauert. War unseren Vorfahren die Flucht geglückt, konnten die Hormone wieder heruntergefahren werden und der Körper in den Normalzustand zurückkehren. Das ist in der heutigen Zeit wesentlich schwieriger und so stellt sich nach einer Weile Erschöpfung ein. Heute wissen wir, dass ein dauerhaft hoher Anteil von sogenannten Stresshormonen zu seelischen und körperlichen Schäden führen kann.

Wichtig ist es, sich über die Herkunft des Stresses bewusst zu werden. Es gibt Stress, der durch äußere Verhältnisse bedingt ist, und Stress, der mit unseren Konzepten und Überzeugungen zu tun hat. Bei der ersten Form haben wir in der Regel relativ wenige Möglichkeiten, ihn zu reduzieren. Wenn kranke Familienmitglieder unsere Hilfe brauchen, können wir an der Situation an sich kaum etwas verändern. Hier kann man nur nach Strategien suchen, mit der Belastung so umzugehen, dass sie einen nicht selbst überfordert und krank macht. Schaffen Sie sich in diesem Fall Stressoasen, in die Sie sich immer wieder für einige Zeit zurückziehen können – und wenn es nur für ein paar Minuten ist. Die Wahl der Mittel zur Stressreduzierung ist sehr individuell. Erspüren Sie, was Ihnen guttut. Manchen Menschen hilft es, sich zu bewegen, andere brauchen ein paar Minuten völlige Ruhe, wiederum andere arbeiten mit Entspannungstechniken.

Anders sieht es mit der zweiten Form von Stress aus, die durch eigene oder übernommene Konzepte ausgelöst wird. Darauf können wir direkt zugreifen, da sie mit unseren Überzeugungen und Werten aufs Engste verbunden sind. Deshalb hilft es, die eigenen Gedankenmuster genau zu betrachten. Als Buddha einmal gefragt wurde, was die Grundlage schlechter Taten sei, verwies er auf die Gedanken, denn alles Handeln ist die Frucht eines Gedankens. Gedanken bestimmen unsere Sicht der Wirklichkeit und unseren Zugang zu ihr, und sie hinterlassen ganz konkrete Spuren in unserem Dasein.

Was bedeutet dies nun im Kontext von Stress? Zunächst lohnt es sich einmal herauszufinden, ob der Stress, den wir beklagen, auch wirklich unser eigener ist. Wir neigen nämlich oftmals dazu, uns anderen Meinungen und Empfindungen anzuschließen, zum Beispiel, wenn wir die Kollegen um uns herum oft genug jammern hörten. Wie gesagt, nicht jede hohe Arbeitsbelastung ist per se negativer Stress. Wenn dieser Stress uns aber nun tatsächlich belastet, sollten wir uns anschauen, was genau uns stresst und weshalb wir in dieser Situation verharren. Können wir keine Grenzen ziehen, weil wir Angst vor Zurückweisung haben? Oder sind wir davon überzeugt, dass nur derjenige eine Existenzberechtigung hat, der Überdurchschnittliches leistet? Wo liegen unsere eigenen Prioritäten?

Solange wir Anerkennung ausschließlich in der Außenwelt suchen, müssen wir deren Spielregeln erfüllen. In einer Gesellschaft, die sich selbst als Leistungsgesellschaft definiert, ist es naheliegend, dass eine ihrer grundlegenden Spielregeln lautet: hohe Leistungsbereitschaft. Doch nirgendwo ist festgeschrieben, dass wir nach diesen Regeln weiterspielen müssen. Nicht selten glauben wir, dass beispielsweise unsere familiäre Situation keine Alternativen zum bestehenden Status quo zulassen würde. Wir meinen, wenn wir etwas nicht mehr täten oder etwas veränderten, bräche die Welt zusammen. Diesen Glaubenssatz sollten wir jedoch dringend überprüfen! Der erste Schritt ist, uns bewusst zu machen, weshalb wir etwas tun und für wen wir es in Wirklichkeit tun. Dann geht es zum zweiten Schritt: Nun gilt es zu klären, was passieren würde, wenn wir es nicht mehr so machen würden wie bisher, und was wir dadurch tatsächlich verlieren würden. Machen Sie sich bewusst, dass es nichts Wertvolleres gibt als diesen jetzigen Moment, in dem Sie leben. Dafür brauchen Sie keine Bestätigung durch den Chef oder Partner. Nichts kann sie zwingen, etwas zu tun, dass Sie nicht mit innerer Zustimmung tun möchten. Es sind Ihre Gedanken, die bestimmen, wohin die Reise Ihres Lebens geht.

Buchtipp: Linda Lehrhaupt. *Die Wellen des Lebens reiten. Mit Achtsamkeit zur inneren Balance*, hrsg. von Christa Spannbauer. Kösel, München 2012

Atemübung: Hummel-Atmung

Die Hummel-Atmung (Brahmari) ist eine einfache und zugleich hochwirksame Atemtechnik aus dem Hatha Yoga. Sie dient der Entspannung und Beruhigung.

- Begeben Sie sich für die Meditation an einen ungestörten Ort, nehmen Sie eine aufrechte Meditationshaltung Ihrer Wahl ein und schließen Sie die Augen.
- Atmen Sie ein und erzeugen Sie beim Ausatmen einen Summton wie das Summen einer Hummel.
- Sie können diese Übung unterstützen, indem Sie die Ohren mit den Zeigefingern verschließen. Dadurch können Sie die Schwingungen im Schädel besonders stark spüren.
- Werden Sie ganz eins mit der Klangvibration und lassen Sie diese Ihren Kopf und den ganzen Körper erfüllen.
- Wiederholen Sie dies 9-mal.

Sie werden bereits nach den ersten Atemzügen wahrnehmen, wie beruhigend diese Übung für Ihren Geist ist. Täglich für einige Minuten ausgeführt hilft sie, mentale Spannungen zu beseitigen und erhöhten Blutdruck zu senken. Im Hathapradipika, dem Grundlagenwerk des Hatha Yoga, steht geschrieben: »Durch fortgesetztes Üben entsteht Glückseligkeit im Herzen«.

Atemübung: Durch Musik zur inneren Ruhe finden

Nehmen Sie sich jeden Tag einige Minuten Zeit, um ganz bewusst Musik zu hören. Mit Musik können wir unseren Gemütszustand am wirkungsvollsten verändern. Schon Platon und Aristoteles erkannten die Funktion der Musik, Körper und

Seele in Einklang zu bringen. Ihre Heilwirkung wird von indischen Gurus ebenso wie afrikanischen Schamanen eingesetzt. Die westliche Wissenschaft hat mittlerweile nachgewiesen, dass klassische Musik, insbesondere die des Barock, in kürzester Zeit geistige und körperliche Entspannung bewirkt. Barockkomponisten wie Händel und Vivaldi suchten gezielt nach einer harmonischen Formel und schufen Frequenzen, die im Hirn Harmonie erzeugen und einen Zustand entspannter Achtsamkeit herbeiführen. Auch das Anliegen von Komponisten wie Mozart und Bach war es, einen Gemütszustand zu schaffen, der den Menschen von weltlichen Sorgen befreite und ihn für Größeres öffnete.

Lauschen Sie den Klängen klassischer Musik. Sie werden schon nach wenigen Minuten feststellen können, wie Sie sich entspannen und innerlich zur Ruhe kommen.

Falls Sie Stress allerdings besser durch Bewegung abbauen können – suchen Sie sich Musik aus, zu der Sie sich gern bewegen wollen, stampfen Sie, hüpfen Sie, lassen Sie die Hüften kreisen – Sie werden sehen, wie sich Ihre Laune im Nu hebt und Entspannung eintritt.

UNGEDULD
Alles hat und braucht seine Zeit

Wer an einer Supermarktkasse bereits nach fünf Minuten seinem Vordermann am liebsten den Einkaufswagen in die Waden rammen möchte, weil vor ihm scheinbar nichts vorangeht, der leidet mit Sicherheit an Ungeduld, die gern zusammen mit ihrer Schwester Gereiztheit anrauscht. Sind wir gereizt, tun wir Dinge, die wir hinterher bereuen. Wohlmeinende Ratschläge aus unserer nächsten Umgebung, wie »Entspann dich doch!« oder »Nimm's gelassen!« erzielen in den seltensten Fällen die gewünschte Wirkung, sondern verschärfen die Situation nur noch.

Doch Ungeduld hat auch durchaus positive Seiten. Ungeduldige Menschen begreifen vieles flotter. Während andere noch herauszufinden versuchen, wie eigentlich die Aufgabenstellung lautet, arbeiten sie bereits an der Lösung. Sie sind die Pusher, die eine Gruppe antreiben. Etwas auf die lange Bank zu schieben oder Projekte ewig zu planen, ist nicht ihr Ding. Der Ungeduldige will Resultate sehen, und er lässt sich nicht gern vertrösten. Die Geschwindigkeit, mit der diese Menschen Dinge anpacken, kann für ihre Umgebung mitunter bedrohlich wirken. Wer in ihren Geschwindigkeitssog gerät, den wirbelt es schon einmal umher. Sollten Sie selbst solch ein »Speedy Gonzales« sein, dann machen Sie sich bewusst, dass Ihr Tempo zwar für Ihr energetisches Temperament passend sein mag, dass es für andere jedoch eine echte Herausforderung, wenn nicht gar Überforderung darstellen kann.

Das Grundproblem des Ungeduldigen gründet darin, dass er fest davon überzeugt ist, alles sofort bewirken zu können.

Doch nicht alles im Leben hat seine Zeit im »Sofort«. Der Prediger Salomo formulierte diese Erkenntnis im Alten Testament auf eine wunderschöne Weise. Dort heißt es: »Ein jegliches hat seine Zeit, und alles Vorhaben unter dem Himmel hat seine Stunde: geboren werden hat seine Zeit, sterben hat seine Zeit; pflanzen hat seine Zeit, ausreißen, was gepflanzt ist, hat seine Zeit.« Wenn wir versuchen, in diesen natürlichen Ablauf einzugreifen und ihn zu beschleunigen, werden wir manches dadurch verhindern und zerstören. Alles braucht Zeit zum Wachsen. Veränderungen brauchen Zeit. Wir können die Früchte unseres Tuns und unserer Anstrengung eben nicht immer sofort in Händen halten. Geduld beschreibt die Fähigkeit, gegenwärtig zu sein und nichts erzwingen zu wollen, wohlwissend, dass sich bestimmte Dinge im Leben gar nicht erzwingen lassen.

Die Vorstellung, dass alles im Leben seine Zeit braucht, ist eine Einsicht, die wir in allen Kulturen und Religionen vorfinden. So lehrt ein chinesisches Sprichwort: »Der Weise kennt keine Hast, und der Hastende ist nicht weise.« Von dieser Warte aus betrachtet, ist unsere Kultur Lichtjahre von der Weisheit entfernt. Wir hasten von Ort zu Ort, von Ereignis zu Ereignis und dennoch entgleitet uns der Augenblick. Wir sind rastlos auf der Suche nach dem Echten und Tiefen, doch wir halten es nicht aus, diesem Raum und Zeit zur Entfaltung zu geben. Alles muss sofort greifbar und verfügbar sein. Hinter dieser Ungeduld mag sich die Angst verbergen, etwas im Leben zu verpassen. Der Ungeduldige leidet oftmals an innerer Unruhe. Er fühlt sich getrieben. Wer seinen Blick nach innen wendet, kann dies in sich erkennen. Wer seinen Blick jedoch nur aufs Außen richtet, übersieht diese Dimension leicht. Er hetzt dann die anderen vor sich her, um sein eigenes Getriebensein nicht anschauen zu müssen.

Aus spiritueller Sicht ist das größte Manko der Ungeduld, dass wir nicht im Augenblick, im Jetzt sein können. Unser Blick ist in die Zukunft gerichtet, wo es wieder etwas zu tun gibt. So sehr wir Dinge vorantreiben und zur Vollendung bringen möchten, so wenig können wir uns an dieser Vollendung erfreuen. Wenn ein Ziel erreicht ist, wird das nächste Projekt, ob im Beruf oder im Privaten, in den Blick genommen. Angekommen zu sein, erfüllt uns nicht mit Freude. Es beunruhigt uns vielmehr.

Nehmen Sie diese innere Unruhe, die hinter der Maske der Ungeduld lauern kann, ernst. Weichen Sie ihr nicht aus! Indem Sie sich ihr stellen, indem Sie bereit sind, die Unruhe ernst zu nehmen, können Sie diese transformieren. Krishnamurti, einer der großen indischen Weisheitslehrer des 20. Jahrhunderts, hielt den Ratschlag bereit, das Problem nicht nur mit dem Intellekt anzuschauen, sondern in dieses Feld mit der ganzen Präsenz der eigenen Existenz einzudringen: »Vollkommen, völlig im Augenblick zu leben, heißt mit dem, was ist, zu leben, dem Wirklichen, ohne irgendein Gefühl der Verurteilung oder Rechtfertigung.« In diesem Moment der Präsenz sind wir dort, wo wir wirklich hinmöchten. Geduldig zu sein heißt, im Jetzt angekommen zu sein. Was verstehen wir hingegen landläufig unter Geduld? Meistens doch nur die Fähigkeit, warten zu können. Das ist jedoch etwas komplett anderes als im Moment gegenwärtig zu sein.

Wie bei jeder Tugend gibt es aber auch bei der Geduld eine Stolperfalle, die nicht übersehen werden sollte: Wessen Credo lautet: Wenn's heute nichts wird, dann vielleicht morgen, der kann ein wahrhaft geduldiger Mensch sein oder einer, der sich nicht anstrengen möchte und die Dinge deshalb schleifen lässt. Seine Antriebskraft ist dann nicht Geduld, sondern Trägheit. Wir sollten uns bewusst machen, dass unsere Persönlichkeitsstruktur uns bestimmte Tugenden und Untugenden besonders lieben oder ablehnen lässt. Wenn wir träge sind, schmücken wir uns oft mit der Ausrede, wir seien geduldig. Wenn wir getrieben von innerer Unruhe sind, gaukeln wir uns vor, dass wir produktiv sein wollen. Um nicht voller Ungeduld in die verkehrte Richtung zu laufen, ist es daher wichtig, achtsam zu sein und die eigene Motivation seines Tuns zu erforschen und zu erkennen.

Buchtipp: Nancy O'Hara. *Das Wunder der Gelassenheit. Mit Buddha durch den Alltag gehen*. Heyne, München 2007

Atemübung: Gelassenheit

Diese kleine und sehr wirksame Gelassenheitsübung können Sie überall ausführen. Sie benötigen dazu nur einige Atemzüge Zeit.

- Atmen Sie bewusst ein. Halten Sie nach dem Einatmen die Luft so lange an, bis Sie den deutlichen Impuls zum Ausatmen verspüren.
- Warten Sie dann noch etwas, bevor Sie bewusst ausatmen.
- Wiederholen Sie diese Übung 3-mal. Spüren Sie, wie sich dabei tiefe Ruhe in Ihnen ausbreitet.

Danach können Sie neue Herausforderungen wieder mit mehr innerer Zentriertheit und Gelassenheit angehen.

Yogaübung für mehr Gelassenheit

Diese Yogaübung hilft bei Ungeduld und einem aufbrausenden Temperament.

- Setzen Sie sich mit ausgestreckten Beinen auf eine dünne (Yoga-)Matte. Oberkörper und Beine bilden einen 90-Grad-Winkel. Die Arme liegen dabei noch angewinkelt auf den Oberschenkeln.
- Atmen Sie ein und führen Sie Ihre Arme nun in einem Halbkreis entlang der Seite Ihres Körpers ausgestreckt über Ihren Kopf.
- Sobald Ihre ausgestreckten Arme über Ihrem Kopf sind, drehen Sie die Handflächen nach vorn, sodass sie in Richtung Füße schauen.

- Jetzt atmen Sie aus und beugen Ihren Oberkörper mit den ausgestreckten Armen bis Ihr Kopf auf den Beinen aufliegt. Umfassen Sie mit Ihren Händen Ihre Fußsohlen.

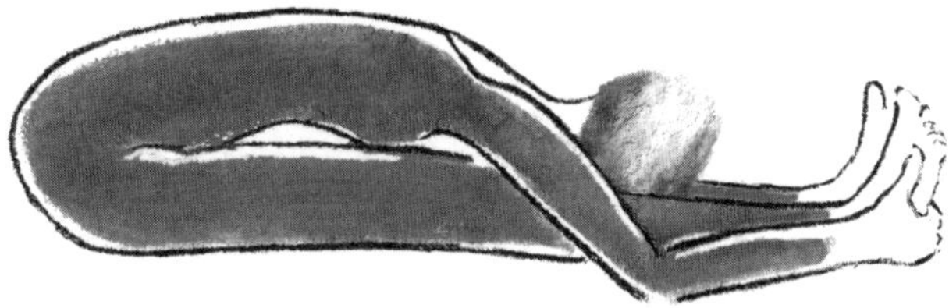

- Sollten Sie Ihren Oberkörper nicht so weit beugen können, macht das nichts. Greifen Sie mit Ihren Händen stattdessen die Knie oder Waden. Dehnen Sie sich nur so weit, wie es für Sie gut ist.
- Halten Sie diese Position einige Sekunden, dann lassen Sie Ihre umklammerten Fußsohlen (Knie oder Waden) los, atmen aus und bewegen Ihren Oberkörper mit den ausgestreckten Armen wieder in eine aufrechte Position.
- Ihre ausgestreckten Arme bilden dabei eine Verlängerung Ihrer Körperachse. Nun führen Sie die Arme wieder in einer Halbkreisbewegung nach unten und legen die Handflächen neben Ihrem Gesäß ab.
- Wiederholen Sie diese Übung einige Male.

NICHT NEIN SAGEN KÖNNEN

Die Kunst der Grenzziehung

Ein Kollege bittet Sie zum wiederholten Mal darum, eine Aufgabe an seiner statt zu übernehmen. Obwohl Sie weder Lust noch Zeit dazu haben, sagen Sie am Ende des Gesprächs Ja. Ihr Partner, Ihre Partnerin möchte, dass Sie ihn oder sie zu einer Veranstaltung begleiten, obwohl Sie viel lieber zu Hause einen ruhigen Abend verbringen würden. Wie so oft sitzen Sie abends nicht gemütlich auf dem Sofa, sondern begleiten Ihren Partner oder Ihre Partnerin. Sie betreten einen Laden und der Verkäufer preist Ihnen etwas an, das Sie nicht möchten. Am Ende verlassen Sie den Laden mit genau jenem Produkt.

Wenn Ihnen das bekannt vorkommt, haben Sie Schwierigkeiten damit, Nein zu sagen. Sie tun immer wieder Dinge, die Sie eigentlich nicht tun wollen. In bestimmten Situationen haben Sie am Ende vielleicht ein gutes Gefühl, weil Sie einem anderen Menschen einen Gefallen getan haben. Doch oftmals fühlen Sie sich schlicht ausgenutzt oder über den Tisch gezogen.

Nett zu sein und anderen einen Gefallen zu tun, ist ein wesentlicher Kitt des menschlichen Zusammenlebens. Wir freuen uns alle darüber, dass es Menschen gibt, die etwas für uns tun, selbst wenn sie keinen Vorteil daraus ziehen. Besonders die großen Weltreligionen betonen den Wert der Nächstenliebe. Ein guter Mensch ist demnach der, der sich auch um seinen Nächsten bemüht, der etwas für andere tut, selbst wenn ihm im Moment nicht danach ist. Besonders im Spirituellen wird Wert darauf gelegt, dass die Identifikation mit dem Ich das Grundproblem des Menschen ist, das ihn egoistisch werden lässt und letztlich zu all den Zerwürfnissen führt, die wir kennen. Diese Analyse ist nicht falsch, doch hier gilt, was Osho, alias Bhagwan, einst so treffend formulierte: »Wer sein Ich loslassen will, muss erst einmal ein gesundes Ich besitzen.«

Der Weg zur spirituellen Selbstlosigkeit führt somit über ein gesundes und stabiles Selbst. Ein spiritueller Mensch nimmt sich selbst ernst. Denn nur wer sich und seine Bedürfnisse erkennt, kann auch offen für die der anderen sein. Ansonsten kommt es schnell zu Übertragungen. Die anderen sollen unsere Wünsche und Sehnsüchte erfüllen, die wir in uns nicht wahrnehmen können. Besonders Frauen tappen schnell in diese Falle, da sie durch ihre gesellschaftliche Sozialisation oftmals stärker darauf getrimmt werden, sich selbst nicht so wichtig zu nehmen. So unerlässlich es ist, für Menschen, die sich in einer echten Notlage befinden, auch mal etwas zu tun, worauf man selbst keine Lust hat, so wichtig ist es, die eigenen Bedürfnisse zu erkennen.

Wenn wir lernen wollen, Nein zu sagen, dann müssen wir erst einmal erkunden, warum uns das so schwerfällt. Möglicherweise liegt die Unfähigkeit, Nein zu sagen, darin begründet, dass wir gebraucht werden wollen. Es ist ein gutes Gefühl zu wissen, dass andere ohne uns nicht auskommen. Um herauszufinden, ob das einer der Gründe ist, der Sie vom Neinsagen abhält, ist es hilfreich, darauf zu achten, ob Sie nicht ganz unbewusst Ihrer Umwelt signalisieren: »Ich helfe euch immer«. Wenn sich Situationen häufen, in denen Sie zu hören bekommen, dass Ihr Gegenüber sich mit einem Problem, Projekt etc. überfordert fühlt und nur Sie die Lösungen dafür hätten, dann könnte dies ein Anzeichen dafür sein. Sie senden ein Signal aus, das andere dankbar aufgreifen.

Vielleicht gründet Ihr Nicht-Nein-sagen-Können auch in dem Wunsch, von anderen Menschen geliebt zu werden. Wenn wir nett zu anderen sind und machen, was sie von uns fordern, dann werden wir normalerweise gemocht. Wer als Kind darum bemüht war, Mamas und Papas Wünsche zu erfüllen, der konnte sich der elterlichen Zuneigung sicher sein. Wenn Sie als Erwachsener immer noch so handeln, dann vielleicht aus genau diesem Grund: Sie wollen anerkannt und gern gehabt werden. Doch anders als ein Kind, das auf das Wohlwollen der Eltern angewiesen ist, sind Sie als erwachsener Mensch nicht mehr in derselben Weise von der Anerkennung anderer abhängig. Sie sind nun in der Lage, den Zusammenhang von Anderen-einen-Gefallen-Tun und Gemocht-Werden zu erkennen. Machen Sie sich also bewusst, dass erkaufte Sympathie keine echte Sympathie ist.

Vielleicht treibt Sie aber gar nicht der Wunsch nach Anerkennung an, sondern Ihre Angst vor einem Konflikt, der im Raum steht, wenn Sie etwas ablehnen, was an Sie herangetragen wird. Die wenigsten Menschen erstreben Konflikte. Und dennoch sind sie unvermeidbar. Die große Kunst, die hier gefordert ist, ist die Gabe der Unterscheidung: Prüfen Sie, wer von Ihnen etwas fordert und welche Konsequenzen eine Ablehnung haben könnte. Manchmal ist es sinnvoll, etwas zu tun, was man nicht mag, weil ein Nein drastische Auswirkungen auf das eigene Leben hätte. Wenn Sie wissen, dass Sie auf der roten Liste Ihres Chefs landen, so Sie die übertragene Aufgabe nicht erfüllen, kann es ratsam sein, diese zu übernehmen, obwohl Sie nicht wollen. Vielleicht ist es aber notwendig, den Konflikt mit Ihrem Chef durchzustehen, da er nur so verstehen wird, dass Sie chronisch überlastet sind.

Manchmal sagen wir auch Ja, weil wir regelrecht überrumpelt werden. Wenn Sie dieses Gefühl haben, versuchen Sie die Entscheidung nicht sofort zu fällen. Bitten Sie Ihr Gegenüber, Ihnen etwas Zeit zu lassen, denn nur so können Sie in Ruhe über das Ansinnen nachdenken. Es ist Ihr gutes Recht, sich nicht sofort festzulegen. Wenn Sie etwas Distanz gewonnen haben, fällt es Ihnen vermutlich leichter, eine für Sie passende Entscheidung zu treffen.

Buchtipp: Manuel J. Smith. *Sage Nein ohne Skrupel.* MVG, München 2002

Körperübung: Rudra Mudra

Mudras können Sie jederzeit und an jedem Ort anwenden. Diese Fingerstellungen aus dem Yoga haben eine starke energetische Wirkung. Deshalb werden sie mitunter auch scherzhaft »Fingerkraftwerke« genannt. Das Rudra Mudra hilft Ihnen bei der Zentrierung in Ihrer Körpermitte, gibt Ihnen Kraft und unterstützt Sie darin, Ihre Grenzen zu wahren.

- Legen Sie hierfür die Spitzen des Daumens, des Zeigefingers und des Ringfingers beider Hände aneinander, sodass ein leichter Druck entsteht. Die übrigen beiden Finger sind locker gestreckt.

- Führen Sie diese Fingerhaltung immer dann für einige Minuten aus, wenn Sie Stärkung brauchen.
- Stellen Sie sich dabei vor, wie Sie in sich ruhen und Kraft aus Ihrer Mitte ziehen.

Visualisierungsübung: Nein-sagen-Lernen

Um sich für eine notwendige Nein-Sage-Aktion zu wappnen, empfiehlt es sich, die Situation vorher zu visualisieren. Visualisierungstechniken sind äußert hilfreich, um sich auf etwas vorzubereiten.

Nehmen Sie sich ein paar Minuten Zeit und suchen Sie sich einen ruhigen Ort, an dem Sie nicht gestört werden. Sammeln Sie sich innerlich und lassen Sie das Bild mit der betreffenden Situation vor Ihrem inneren Auge aufsteigen. Versuchen Sie sich alles so konkret wie möglich vorzustellen.

Achten Sie darauf, was die Vorstellung in Ihnen auslöst. Spüren Sie Angst? Zieht sich Ihr Magen zusammen? Werden Ihre Hände feucht? Nehmen Sie diese Gefühle bewusst wahr.

Und jetzt stehen Sie auf und stellen sich so hin, dass Sie einen guten und festen Stand haben. Nehmen Sie eine aufrechte Haltung ein, straffen Sie Ihre Schultern und sagen Sie höflich, doch bestimmt zu Ihrem imaginären Gegenüber: »Nein«. Sie können das innerlich oder laut tun – probieren Sie aus, was für Sie stimmiger ist. Zusätzlich können Sie eine knapp gehaltene Begründung Ihrer Ablehnung vortragen. »Nein, ich kann diese Aufgabe nicht übernehmen, weil ich selbst viel zu tun habe«.

Dieses geistige Bild prägen Sie sich nun ein und rufen es immer wieder ins Bewusstsein, bis es so weit ist und Sie sich der realen Situation stellen müssen.

Wege zu einem erfüllten Leben

Neuen Schwung erhalten und
das Leben auskosten

STAGNATION
Der Aufbruch zu neuen Ufern

Das einzig Sichere in einer Welt des Wandels ist die Veränderung. »Alles fließt«, lehrte schon der griechische Philosoph Heraklit vor 2500 Jahren und schlussfolgerte: »Wir steigen in denselben Fluss und doch nicht in denselben, wir sind es und wir sind es nicht.« Doch wie können wir uns dem Fluss der Veränderung anvertrauen, ohne Angst haben zu müssen, in seinen Fluten unterzugehen? Woher nehmen wir den Mut, das Festland zu verlassen und neuen Horizonten entgegenzusegeln?

Wenn wir am Leben teilhaben wollen, bleibt uns gar nichts anderes übrig, als uns auf diesen Prozess der Veränderung einzulassen, in dessen Verlauf wir immer weniger der bleiben, der wir einmal waren, und immer mehr zu dem werden, der wir wirklich sind. Das erfordert zweifelsohne Mut. Wer zu neuen Ufern aufbrechen will, braucht eine gesunde Portion Risikofreude und die Bereitschaft, die eigene kuschelige Komfortzone immer wieder zu verlassen. Natürlich fallen einem da gleich jede Menge gute Gründe ein, dies nicht zu tun. Doch wir sollten ernsthaft in Erwägung ziehen, dass unsere altbewährten Argumente – »Dafür bin ich nun wirklich zu alt … Ich habe keine Zeit … Es fehlt mir das Geld« – nur Ausreden sind, mit denen wir uns vor dem lange fälligen Aufbruch drücken.

Wir haben einfach viel zu viele Vorstellungen davon, wer wir sind, wie wir sind und warum wir so sind. Wir schleppen den Ballast eines ganzen Lebens mit uns herum. Und wir glauben noch immer das, was unsere Eltern einst über uns sagten. Wir haben die alten Glaubenssätze verinnerlicht und gehorchen den Verboten aus unserer Kindheit. Doch wer sind wir wirklich?

Fragen Sie sich einmal ganz ehrlich: Sind Sie bereit für Neues? Unterstützen Ihr Partner / Ihre Partnerin, Ihre Familie, Ihre Freunde Ihren Entwicklungs- und Wachstumsprozess? Denn für ein erfülltes Leben brauchen wir beides: Geborgenheit *und* Freiheit. Wir brauchen Nestwärme und zugleich die Möglichkeit, die Flügel auszubreiten und loszufliegen. Anstatt nur »Besitzstandswahrer« zu bleiben könnten wir zu »Potenzialentfaltern« werden. Wir könnten uns für neue Denk- und Erfahrungshorizonte öffnen, unsere Gestaltungskraft, Kreativität und Entdeckerfreude mit Begeisterung nutzen, die Autobahnen unserer neuronalen Verschaltungen verlassen und frische Pfade in die graue Masse unseres Gehirns graben.

»Gehen Sie mindestens ein Mal im Jahr an einen Ort, an dem sie noch nie waren«, empfiehlt uns der Dalai-Lama, um ein glückliches Leben zu führen. Innere und äußere Entwicklung beginnen am ehesten im Neuland, wenn wir zu neuen Ufern aufbrechen. Wer sind wir, wenn alles, was uns definiert, wegfällt? Wenn uns niemand kennt und keiner unsere Sprache spricht? Macht es uns Angst? Oder können wir unter der Unsicherheit eine neue Freiheit spüren, die sich zaghaft ans Licht strampelt? In der Fremde können wir bislang nicht gelebte Aspekte unserer Persönlichkeit entdecken. Wir können uns gleichsam neu erfinden. Im altvertrauten Zuhause ist dies ungleich schwerer zu bewerkstelligen. Zumal unsere Familie, Partner und alten Freunde ganz genau zu wissen scheinen, wer wir sind – und das sogar dann, wenn wir es selbst nicht mehr wissen oder deutlich spüren, dass wir schon längst ein anderer geworden sind. Gehen Sie in sich und fragen Sie sich: Was ist es, was ich mich auszuleben fürchte? Was lockt mich wirklich?

Um sich selbst ehrlich zu erforschen und in einer tiefen Art und Weise neu zu entdecken, empfehlen die spirituellen Weisheitslehren aus Ost und West das Loslassen alter Konzepte und Vorstellungen. Dies beinhaltet, sich immer wieder der Frage zu stellen: »Wer bin ich jetzt, in diesem Moment?« Denn um Neues zu entdecken, müssen wir uns erst einmal von alten Mustern und Prägungen befreien. Neues braucht Freiraum, um sich entfalten zu können. Hierbei ist es hilfreich, sich von Altem zu trennen. Lassen Sie frische Luft in Ihr Leben! Befreien Sie Ihre Wohnung von überflüssigem Ballast. Der östlichen Wohnlehre des Feng-Shui zufolge können wir uns an einem Ort, vollgestopft mit Altem, gar nicht für einen Neuanfang öffnen. Wie auch sollte in einem Haus, be- und überfrachtet mit der Vergangenheit, das Neue einen Fuß in die Tür bekommen?

Es gilt, den Aufbruch zu wagen. Hierfür kommen wir nicht umhin, das Gewohnte, Vertraute und damit auch Schützende zurückzulassen. Uns in die Unsicherheit hineinzubegeben. Vertrauen in das Leben zu fassen. »Ich setzte einen Fuß in die Luft und sie trug«, so poetisch beschrieb Hilde Domin dieses zarte und zugleich waghalsige Vertrauen, das wir ins Leben brauchen. Die Erlaubnis zum Leben können nur Sie selbst sich geben. Niemand anderes. Tun Sie es. Öffnen Sie sich dem Leben! Kämpfen Sie für Ihr Leben!

Worum es also geht, ist, jedem Augenblick ganz bewusst neu zu begegnen und sich immer wieder der Frage zu stellen: Was ist JETZT? Denn es ist immer der gegenwärtige Augenblick, der uns in die Mitte des Lebens führt. Wenn wir uns ihm anvertrauen, kann uns weder die Zukunft schrecken noch die Vergangenheit belasten. Wir können die gesamte Fülle des Daseins mit all seinen Freuden und Leiden, den Höhen und Tiefen mit einem offenen Herzen auskosten, unser volles Potenzial als Mensch entfalten und unser Leben als das wertschätzen, was es ist – ein einzigartiges und großartiges Abenteuer.

Buchtipp: Gerald Hüther. *Wer wir sind und was wir sein könnten. Ein neurobiologischer Mutmacher*. Fischer, Frankfurt 2011

Körperübung: Sich auf den Weg machen

»Jede Reise beginnt mit einem ersten Schritt«, schrieb der weise Laotse einst. Machen Sie diesen heute ganz konkret.

Entscheiden Sie sie sich für eine körperliche Vorwärtsbewegung, die Ihnen liegt, sei es Walken, Joggen, Radfahren oder Schwimmen.

Planen Sie für diese Aktivität mindestens eine Stunde ein. Körperliche Bewegung bringt nicht nur Ihren Körper in Schwung, sie befreit auch den Geist und reichert das Gehirn mit Sauerstoff an, sodass neue Impulse und Ideen Einlass finden können.

Strengen Sie sich an. Nehmen Sie wahr, wie Ihr Herz das Blut durch Ihren Körper pumpt, wie Ihre Muskeln sich anspannen, wie Ihr Atem schneller geht als im Ruhezustand. Sie werden danach spüren, wie Sie trotz aller Müdigkeit und Erschöpfung mit neuem Elan angefüllt sind.

Alltagsübung: Feng-Shui – Wohnung entrümpeln

Entrümpeln befreit Seele und Geist von unnötigem Ballast und setzt neue Energien in uns frei. Wir schaffen Platz für Neues, befreien uns von Veraltetem und Belastendem und schaffen durch die äußere Ordnung zugleich eine innere Ordnung.

Beginnen Sie noch heute damit, eine Ecke in Ihrer Wohnung von unnötigem Krimskrams zu befreien. Arbeiten Sie sich in der nächsten Zeit in kleinen Etappen kontinuierlich durch Ihre Wohnung.

Entfernen Sie nicht mehr benötigte Notizen und veraltete Dokumente von Ihrem Schreibtisch. Räumen Sie Ihren Kleiderschrank aus und geben Sie alles in die Altkleidersammlung, was Sie im letzten Jahr nicht getragen haben. Sie werden es auch in diesem Jahr nicht tun.

Und überlegen Sie sich vor jedem Neukauf, ob Sie diesen Gegenstand wirklich benötigen, damit Sie nicht länger Dinge horten, die später doch nur herumstehen und Sie auf Ihrem Lebensweg behindern.

ANGEPASSTHEIT
Dem Ruf der Freiheit folgen

In uns allen wohnt eine tiefe Sehnsucht, der sein zu dürfen, der wir wirklich sind. Wir wollen unserem Selbst Ausdruck verleihen, authentisch sein, echt sein. Uns nicht formen und verformen lassen von Konventionen, Regeln und Vorschriften. Wir sehnen uns danach, unserer Seele Raum und Zeit zu geben, um sich frei zu entfalten.

Doch allzu oft verfangen wir uns in den Vorstellungen und Wünschen anderer Menschen, nehmen Rücksicht, stellen unsere Bedürfnisse hintenan und verkneifen uns die eigene Meinung. Denn wir wollen geliebt werden. Und das, so glauben wir in kindlicher Manier, gelänge am besten, wenn wir zu allen Menschen nett sind und möglichst wenig anecken. Kein Wunder, wenn sich das eigene Leben schließlich leblos und leer anfühlt. Denn es wird nicht inspiriert von den eigenen Idealen und nicht bestimmt von den eigenen Bedürfnissen, sondern von den Wünschen der anderen. Wir machen uns klein, weil wir einst kleingeredet wurden. Wir nehmen uns selbst nicht wichtig, weil wir früher nicht wichtig genommen wurden. Und so haben wir die Wurzeln zu unserer wahren Natur gekappt. Der Psychoanalytiker Arno Gruen nennt dies den »Verrat am Selbst«, der bereits in früher Kindheit einsetzt, wenn Kinder sich gezwungen sehen, die eigenen Wünsche dem Willen ihrer Bezugspersonen zu opfern.

Doch ganz gleich, wie sehr wir auch versuchen, gefügig zu sein und uns einzurichten in der Komfortzone eines angepassten Lebens – immer wieder lodert die Sehnsucht in uns empor, ergreift uns mit voller Wucht und wirbelt unser Leben durcheinander. In den Nächten wühlt sie sich in unsere Träume und bei Tageslicht nimmt sie plötzlich Gestalt in einem Menschen an. Sie lockt uns mit Bildern, Düften und Melodien, ruft uns in die Ferne oder zur Heimkehr. In den Gesichtern von Menschen und in den zahllosen Formen und Facetten der Welt zeigt sie sich. Und in allen verkörpert sich der Ruf nach einem authentischen Leben. Diese Sehnsucht kennt keine Rücksicht auf Sicherheiten und Konventionen. Wild wie eine Wölfin ist sie. Unbezähmbar. Selbst wenn wir uns für den sicheren Weg durchs Leben entschieden haben, werden wir sie nicht los. Denn sie hat unsere Fährte aufgenommen. Und folgt ihr beharrlich, um in unseren Träumen ihr wildes Geheul anzustimmen. Ihr Ruf gilt einem selbstbestimmten und leidenschaftlichen Leben. Die Psychoanalytikerin Clarissa Pinkola Éstes weist in ihrem Kultbuch *Die Wolfsfrau* auf die Dringlichkeit hin, wieder in Kontakt mit dieser alterslosen Weisheit in uns zu kommen, die nie aufhört, uns beim wahren Namen zu rufen, und deren Ausdruck Kreativität und ungezügelte Lebenskraft sind.

Doch wie oft schon haben wir die Stimme der Sehnsucht geknebelt? Wie lange noch wollen wir unsere Träume begraben? Sollten wir nicht endlich unser Leben in die Hand nehmen?

Der erste Schritt hierfür ist, nicht länger den lautstarken Stimmen der anderen zu folgen, sondern damit zu beginnen, auf die eigene leise Stimme im Inneren zu hören. Das bedeutet es, ein mündiger Mensch zu werden, zu sich selbst und seiner eigenen Meinung zu stehen. Denn nur so können wir aufrecht und selbstbestimmt durchs Leben gehen. Rufen Sie die Wolfsfrau, rufen Sie den Wilden Mann ins Leben. Fassen Sie den Mut zur Selbstwerdung. Haben Sie den Mut zum Ich. Befreien Sie sich aus dem Kokon der Selbstverleugnung und Anpassung!

Hierfür lohnt es sich, zu einer Expedition der ganz besonderen Art aufzubrechen. Denn unsere bislang ungelebten, unterdrückten Wünsche sind in den Untergrund gegangen und leben im Verborgenen. Von der Psychologie werden sie daher als unser »Schatten« bezeichnet. In diesem inneren Schattenreich tummeln sich nicht nur dunkle und bedrohliche Persönlichkeitsanteile, sondern auch jede Menge glücksverheißende Gefühle: nicht gelebte Freude, Ekstase und Euphorie – all das, was wir als Kind verdrängen mussten, weil es als unpassend galt. Schattenland ist daher auch Sehnsuchtsland! Hier leben unsere ungezügelte Kraft, unsere ungestüme Freude an der Eroberung der Welt, unsere ungebändigten Emotionen. Es lohnt sich, zu einer Expedition in diese »Terra Incognita« aufzubrechen, um die Schätze aus dem Schattenreich zu bergen. Kreative Ausdrucksmöglichkeiten wie Malen, Schreiben, Singen, Tanzen ebenso wie therapeutische und spirituelle Selbsterfahrung können Sie darin unterstützen, die Schattenkräfte ans Licht zu locken und in das eigene Leben zu integrieren.

Überraschen Sie sich doch einmal damit, neuen Möglichkeiten mit einem lautstarken Ja statt mit dem gewohnten Nein zu begegnen. Tun Sie genussvoll etwas Unerhörtes. Brechen Sie bewusst mit Gewohnheiten und tun Sie Dinge, die Sie verunsichern. Geben Sie sich die Erlaubnis, aus der Reihe zu tanzen, und nehmen Sie es lachend in Kauf, dabei wie ein Narr oder eine Närrin auszusehen. Tun Sie es jetzt! Denn das Leben duldet keinen Aufschub. Als die Hospizhelferin Bronnie Ware Sterbende nach dem befragte, was sie am Ende ihres Lebens am meisten bereuten, war deren häufigste Antwort: »Ich wünschte, ich hätte den Mut gehabt, mein Leben zu leben, nicht eines, das andere von mir erwarteten«.

Erwecken Sie also Ihre eigenen Träume zum Leben. Der Buddhismus nennt dies das Aufwachen zur wahren Wesensnatur: den Menschen in sich zu wecken, der noch schläft. Es gibt vielfältige Möglichkeiten, zu ihr vorzudringen. Meditierend, philosophierend, arbeitend, tanzend, liebend. Jeder Mensch hat hierfür ein reiches und individuelles Set an Möglichkeiten, um immer mehr zu demjenigen zu werden, der er ist: ein eigener und unverwechselbarer Gesang des Universums, ein einzigartiger Tanzschritt im großen Tanz des Lebens.

Buchtipp: Bonnie Ware. *5 Dinge, die Sterbende am meisten bereuen: Einsichten, die Ihr Leben verändern werden.* Arkana, München 2013

Yogaübung: Der Baum

Diese Haltung stärkt Ihr Selbstvertrauen, den Gleichgewichtssinn, fördert Standkraft, stabilisiert und harmonisiert. Sie gibt Ihnen die Kraft, sich dem Neuen vertrauensvoll zu öffnen.

- Stellen Sie sich aufrecht hin, die Füße fest auf dem Boden.
- Atmen Sie einige Male tief ein und aus. Strecken Sie dann die Arme seitlich aus.
- Verlagern Sie nun Ihr Gewicht auf das rechte Bein, heben Sie den linken Fuß und drehen Sie das Knie so weit wie möglich nach außen.
- Dann legen Sie den Fuß mit der Ferse an die Innenseite der rechten Wade oder des Oberschenkels.
- Legen Sie nun die Hände vor der Brust zu einer Art Gebetshaltung zusammen. Richten Sie den Blick geradeaus und atmen Sie ruhig.
- Bleiben Sie so lange in der Haltung stehen, wie Sie das Gleichgewicht halten können. Mit zunehmender Übung wird dies immer einfacher werden.
- Dann wiederholen Sie die Übung mit dem anderen Bein.

Wenn Sie sich beim Einatmen vorstellen, dass Sie wie ein Baum die Kraft der Erde durch Ihre Beine bis in den Kopf hochziehen, entfaltet die Übung eine besonders stärkende Wirkung. Stellen Sie sich vor, dass aus der Fußsohle des Standbeins Wurzeln wachsen, die Sie fest mit der Erde verbinden. Ihre Beine sind der mächtige Stamm, die Arme die Äste. Ihr Kopf ist die Krone. Nichts kann Sie nun mehr so leicht umwehen und aus dem Gleichgewicht bringen. Sie sind wie ein Baum tief verwurzelt mit der Erde und verbunden mit dem Himmel, dem Sie sich vertrauensvoll entgegenstrecken.

Imaginationsübung: Visionssuche – Wohin möchte mein Leben mich führen?

Die Visionssuche ist bei vielen Naturvölkern ein festes Ritual, um einen neuen Lebensabschnitt einzuläuten, sich persönlichen Fragen und Schwierigkeiten zu stellen, alte Muster hinter sich zu lassen und die Welt mit neuen Augen zu sehen. Wenn auch Sie das Gefühl haben, dass das Alte nicht mehr trägt und das Neue noch nicht sichtbar ist, dann brechen Sie in den nächsten Tagen zu Ihrer persönlichen Visionssuche auf.

Wählen Sie einen Tag, an dem Sie allein in die Natur gehen werden, um sich dort den wichtigen Fragen Ihres Lebens zu stellen. Nehmen Sie sich ausreichend Zeit dafür. In der Natur finden Menschen von jeher Antworten auf die drängenden Fragen ihres Lebens.

Laufen Sie los und seien Sie aufmerksam für alles, was um Sie herum geschieht. Lesen Sie die Zeichen der Natur und fragen Sie sich, was Ihnen diese sagen könnten.

Gehen Sie in Kontakt mit den Bäumen, den Pflanzen, den Tieren im Wald. Hören Sie auf die Vögel.

Suchen Sie sich schließlich einen Platz, an dem Sie sich zu einer Innenschau niederlassen möchten, vielleicht unter einem großen schützenden Baum, vielleicht auf einem Hügel mit Blick über das vor Ihnen liegende Tal, vielleicht am Ufer eines stillen Sees.

Fragen Sie sich dann: Was ist das Neue, das sich in meinem Leben zeigen möchte. Was gilt es zu verabschieden? Wohin möchte mein Leben mich führen?

BLOCKIERTE KREATIVITÄT

Wie wir Zugang zu unserem schöpferischen Selbst finden

Wenn wir kreativ tätig sind und Neues gestalten, schwingen wir uns ein in den Flow des Lebens. Wir erhalten Zugang zum schöpferischen Potenzial in uns und spüren uns verbunden mit der pulsierenden Energie des Kosmos. Doch was, wenn wir uns abgeschnitten fühlen von unseren kreativen Wurzeln? Wenn einfach keine neue Idee entstehen will? Alle Künstler und Kreativberufler kennen diese Zeiten. Und fürchten sie. Doch nicht nur sie, sondern alle Menschen merken es, wenn die schöpferische Kraft in ihnen blockiert ist. Der vibrierende Draht zum Leben scheint wie abgeschnitten, die Energie zerfließt uns unter den Händen. Um wieder Zugang zu diesem Kraftfeld zu erhalten, ist es notwendig, die Schleusentore des Egos zu öffnen, sich in den Rhythmus des Lebens ein- und schließlich mitzuschwingen. Schöpferisch tätig sein heißt, sich selbst zur Verfügung zu stellen und sich als Werkzeug eines weitaus Größeren zu erfahren. Michelangelo sagte über sein Meisterwerk, den aus Stein gehauenen David: »Ich habe ihn nicht geschaffen, ich habe ihn nur aus dem Marmor befreit.«

Die östliche Weisheitslehre des Zen rät bei allem, was wir tun, zum Anfängergeist. Das bedeutet, jeder Situation ohne Erwartung und völlig offen zu begegnen, alle Dinge so zu sehen, als würden wir sie zum ersten Mal betrachten. Uns bei allem, was wir zu kreieren gedenken, sei es ein Gedicht oder der Sonntagskuchen für die Familie, die Erlaubnis zum Experimentieren, zum Erforschen zu geben und den unbegrenzten Raum freier Entfaltung zu öffnen. Furchtlos zu sein, die Vorstellungen von Perfektion einfach loszulassen und uns zu gestatten, Fehler zu machen. Denn erst wenn wir die Kontrolle aufgeben, kann uns Neues, bislang Unvorstellbares einfallen.

Gestatten Sie sich ab und zu, alles denken, alles unzensiert aufschreiben, alles willkommen heißen zu dürfen, was Ihnen in den Sinn kommt. Eine verrückte Idee enthält oft mehr Potenzial als zehn vernünftige! Das kreative Selbst ist unser inneres Kind, das spielen will. In jedem Schöpfungsakt sitzen wir selbstvergessen wie ein Kind im Sandkasten und schaffen aus dem großen Sandmeer um uns herum spielerisch neue Formen. Wir horchen, spüren, ertasten und legen das frei, was bereits in uns ist. Der Psychologe C. G. Jung erkannte: »Neues entsteht nicht durch den Intellekt, sondern durch den Spielinstinkt. Der kreative Geist spielt mit den Objekten, die er liebt.«

Die Gestaltungslust speist sich aus unserer Liebe zum Leben, aus Begeisterungsfähigkeit und Mitmenschlichkeit. Sie nährt sich aus dem reichhaltigen Fundus unserer Erlebnisse, unserer intensiven Sinneseindrücke, tiefen Herzensberührungen, feinen Seelenbewegungen, unserer glücklichen ebenso wie unserer schmerzlichen Erfahrungen. Der Schriftsteller Henry Miller gab jungen Kollegen den Rat: »Entwickle Interesse am Leben, so wie du es siehst, an Menschen, Dingen, Literatur, Musik – die Welt ist so reich, sie pulsiert geradezu vor lauter wertvollen Schätzen, schönen Seelen und interessanten Menschen«. Kreativität ist ein Akt der tiefsten Verbundenheit mit uns selbst, mit unseren Mitmenschen, mit der Welt, die uns umgibt. Mitten im Leben kommt sie zum Blühen. Jede menschliche Begegnung ist eine Bereicherung, setzt neue Verschaltungen in unserem Gehirn in Gang, vernetzt uns miteinander, erweckt neue Ideen zum Leben.

Und ebenso wie sich unser kreatives Selbst nach Fülle sehnt, nach der Flut an Farben, Klängen und Gerüchen, braucht es immer wieder Zeiten der Stille und inneren Einkehr. Es muss ruhig werden um und in uns, damit wir die Stimme der Inspiration vernehmen können. Erst wenn wir leer werden, kann Neues einfallen. Meditationsformen der Bewusstseinsentleerung eignen sich hierfür besonders. Im Zen gibt es die Meditationsform des *Shikantaza* – einfach nur Sitzen. Der Geist bekommt nichts mehr angeboten, mit dem er sich beschäftigen kann, bis er schließlich leerläuft. Ähnliches können wir auch mithilfe von automatisierten Bewegungsabläufen wie Joggen, Nordic Walking oder Schwimmen erreichen, indem wir nur auf den Weg vor uns achten oder die Bahnen zählen, sodass der Geist sich von seinen eigenen Begrenzungen und Besetzungen frei machen kann.

Kreativ sein heißt, in den Fluss des Lebens einzutauchen. Sich seiner Strömung hinzugeben. Inspirationen kommen und gehen. Es liegt nicht in unserer Hand. Doch wir können uns bereit machen. Wir können die Kreativität einladen, ihr den Raum öffnen, sie zum gemeinsamen Spiel einladen und zum Tanz auffordern. Wir können zeitliche Vereinbarungen mit ihr treffen und bewusst die Zeiten nutzen, in denen wir uns ihr am nächsten wissen. Hierfür gilt es, seine eigenen kreativen Kraftorte ausfindig zu machen. Das mag für den einen das Künstlercafé inmitten der Großstadt, für eine andere ein abgeschiedener Ort in der Natur sein. Und zugleich gilt es, sich bewusst zu bleiben, dass es letztlich keine perfekte Zeit, keinen perfekten Ort, keine perfekte Atmosphäre gibt. Wenn unser Herz und unser Geist offen und wir ohne Erwartungshaltung sind, können wir überall und jederzeit von der Wucht der Kreativität getroffen werden, am Bahnsteig des Hauptbahnhofs ebenso wie am unaufgeräumten Küchentisch. Dann zögern Sie nicht, lassen Sie alles stehen und liegen und liefern Sie sich umgehend dem Flow des Lebens aus!

Buchtipp: Julia Cameron. *Der Weg des Künstlers. Ein spirituller Pfad zur Aktivierung unserer Kreativität.* Droemersche Verlagsanstalt, München 1996

Alltagsübung: Der spirituelle Künstlertreff

Ihre Kreativität will genährt werden. Sie ist auf Inspirationen, Impulse und Anregungen angewiesen, besonders, wenn Sie sich blockiert und abgeschnitten von ihr fühlen. Dann ist es höchste Zeit, Ihre Kreativität zu einem Künstlertreff einzuladen. Beim Künstlertreff handelt es sich um einen bestimmten Zeitraum, etwa zwei Stunden pro Woche, den Sie sich ganz bewusst freihalten, um Ihre Kreativität zu nähren. Sie haben sozusagen ein Date mit Ihrer Kreativität. Nur Sie beide.

Sie können sich vorstellen, dass Ihre Kreativität Ihr inneres Kind ist oder Ihr innerer Künstler, den Sie ausführen. Was wünschen sich diese? Wie können Sie diese verwöhnen? Mit Farben, Gerüchen, Tönen, Bildern? Mit einer Massage, einem Türkischen Bad, einem Streifzug über den Flohmarkt, einem Besuch der neuen Kunstausstellung, einem Klavier- oder Jazzkonzert, einem Spaziergang durch unbekannte Stadtviertel?

Gönnen Sie sich etwas Aufregendes, Faszinierendes, Betörendes, Berührendes. So werden kreative Ressourcen regeneriert, aufgefüllt, stimuliert und inspiriert und in Ihnen entsteht Raum und Kraft für neue Ideen.

Alltagsübung: Morgenseiten schreiben

Auch wenn Ihnen diese Übung zuerst einmal sinnlos erscheinen mag – sie ist eine überaus effektive Methode zur Aktivierung der Kreativität. Sie wurde von Julia Cameron entwickelt und von Abertausenden von Menschen erfolgreich angewandt.

Sie verpflichten sich dazu, jeden Morgen nach dem Aufwachen drei Seiten zu schreiben. Ohne nachzudenken, einfach alles unzensiert auf das Papier zu bringen, was Ihnen in den Kopf kommt.

Schreiben Sie drauflos. Lassen Sie Ihre Hand mit dem Stift einfach über die Seiten gleiten, ohne zu zensieren, ohne über Richtig und Falsch nachzudenken. Egal, in welcher Stimmung Sie sind, egal, ob Sie Lust dazu haben oder nicht. Tun Sie es! Drei Seiten über all das, was Ihnen in diesem Moment in den Sinn kommt – Ihre Wünsche, Ihre Träume, Ihre Ängste, Selbstzweifel.

Alle Regeln der Rechtschreibung sind außer Kraft gesetzt. Nichts ist zu albern, zu unbedeutend, zu skurril, zu kindisch. Es gibt keinen Zensor und keinen Kritiker. Es geht hier nicht um Literatur und Stil. Sondern um Psychohygiene. Denn es ist genau dieses wütende, kleinliche und weinerliche Zeug, das sich immer wieder zwischen uns und unsere Kreativität drängelt. All dieses Zeug, das unser Unterbewusstsein blockiert. Bringen Sie alles zu Papier. So befreien Sie sich davon.

Sie können diese Morgenseiten als Meditation betrachten. Auch wenn das Geschriebene alles andere als spirituell und erleuchtet klingt, so enthält es dennoch die Kraft, uns neue Einsichten zu vermitteln und Änderungen in unserem Leben herbeizuführen. Sie öffnen so das Tor hin zu unserem wahren Wesen. Tun Sie es! Jeden Morgen! Drei Seiten!

ENTSCHEIDUNGSUNFÄHIGKEIT
Der inneren Weisheit begegnen

Kennen Sie das tragische Gleichnis von Buridans Esel? Er verhungerte, weil er zwischen zwei gleich großen, duftenden Heuhaufen stand und sich für keinen der beiden entscheiden konnte. Geht es uns nicht manchmal ähnlich wie diesem alten Esel? Wenn wir bereits morgens unentschlossen vor dem gefüllten Kühlschrank stehen, unser Blick beim wöchentlichen Großeinkauf ratlos über die Supermarktregale streift, und wir uns am Abend ungeduldig durch 40 Fernsehkanäle zappen. Wir werden überflutet von Angeboten. Leiden an der Qual der Wahl. Und dürften uns doch eigentlich glücklich schätzen, dass wir all diese Wahlmöglichkeiten haben. Viele Menschen in dieser Welt haben sie nicht.

Bei den zahlreichen kleinen Entscheidungen, die der Alltag von uns einfordert, lohnt es sich, auf die eigene Intuition zu vertrauen. Genau das haben wir in der westlichen Welt weitgehend verlernt. Denn mit dem Siegeszug der Rationalität wurde die intuitive Erkenntnis für minderwertig, zweifelhaft und damit unvernünftig erklärt. Von Kindheit an wurde uns daher eingetrichtert, vernünftig zu sein. Doch mal ehrlich: Wie oft sind Sie mit Ihrer Rationalität schon an die Wand gefahren und haben danach ausgerufen: »Ich hab's doch gleich geahnt!« Denn auch wenn wir oft nicht wissen, *warum* wir etwas wissen, so *wissen* wir es dennoch. Und je länger wir nachdenken, je mehr wir über eine Entscheidung grübeln, desto unsicherer werden wir. Dabei tragen wir meist die Lösung bereits in uns. Oft fehlt uns nur der Zugriff auf dieses Wissen. Denn wir haben das Vertrauen in unsere innere Stimme verloren. Es kann daher hilfreich sein, einem anderen Menschen vom eigenen

Entscheidungsdilemma zu erzählen. Denn oftmals stellt sich bereits während des Redens die Lösung von selbst ein. Weshalb? Wir haben unserem inneren Wissen den Raum gegeben, sich auszudrücken und gehört zu werden.

Der Intuition zu vertrauen bedeutet nicht, dem Verstand zu misstrauen. Vielmehr fügen wir unseren kognitiven Fähigkeiten noch eine weitere Möglichkeit der Erkenntnis hinzu. Studien aus der Hirnforschung belegen, dass unsere intuitiven Entscheidungen in vielen Fällen keinen Deut schlechter und dabei noch zigmal schneller sind, als solche, die wir mit dem Verstand treffen. Denn während unser Unbewusstes wie eine Art Supercomputer einige Millionen Informationen pro Sekunde verarbeiten kann, bewältigt unser Bewusstsein nur einen minimalen Bruchteil dessen. Je schneller Sie sich entscheiden müssen, desto klüger scheint es zu sein, dem eigenen Bauchgefühl zu vertrauen. Setzen Sie daher mutig auf das, was Ihnen als überraschender Einfall oder Idee in den Sinn kommt. Wenn Sie mit Ihrer Intuition in Verbindung sind, führt Sie diese wie ein innerer Kompass durch das Leben. Wer glaubt, keinen Zugang zu seiner Intuition zu haben, kann sich jederzeit darin üben. Trainieren Sie diese anfangs bei eher unwichtigen Gelegenheiten: Wenn Sie sich für ein Essen oder einen Kinofilm entscheiden, einen Platz im Restaurant wählen, Ihre Kleidung für den Tag aus dem Schrank holen. Nehmen Sie genau wahr, was Ihnen als erster Impuls in den Sinn kommt, und folgen Sie diesem. Beobachten Sie, wie Sie sich anschließend mit Ihrer Entscheidung fühlen.

Kopf, Herz und Bauch in ein ausgewogenes Gleichgewicht zu bringen, scheint das Patentrezept für ein gelingendes Leben zu sein. Doch nicht selten liegen gerade diese drei in heillosem Clinch miteinander. Bei weitreichenden Lebensentscheidungen brauchen wir aber das Einverständnis von allen drei Elementen. Laden Sie Kopf, Herz und Bauch an den Runden Tisch. In einer Art Elefantenrunde. Mit Ihnen als Moderator. Befragen Sie das Herz, wonach es sich sehnt, erkunden Sie, was der Bauch spürt, und finden Sie heraus, was der Kopf für vernünftig erachtet. Alle drei wollen nur das Beste für Sie, alle wollen gehört, keiner möchte übergangen werden. Verhandeln Sie so lange, bis sich eine Lösung abzeichnet. Sollte es wider Erwarten zu keinem befriedigenden Ergebnis kommen, holen Sie sich professionelle Hilfe von einem Coach. Der sollte über das Know-how für schwierige Elefantenrunden verfügen.

»Mithilfe der Intuition greifen wir auf ein umfassenderes Wissen zu, das nichts mit unserem privaten Wissen zu tun hat. Es ist die Sichtweise der größeren Welt«, sagte der Quantenphysiker Hans-Peter Dürr. Mittels der Intuition können wir Grenzen überschreiten, die unserem rationalen Verstand gesetzt sind. Hierfür müssen wir jedoch lernen, Zugang zur inneren Weisheit zu erlangen, um verantwortlich mit dieser Grenz-Überschreitung umzugehen. Allzu gern suchen wir die Weisheit bei spirituellen Meistern. Doch jeder wirkliche Meister will nur eines: Uns den Zugang zu unserer eigenen Weisheit eröffnen. Ein wirksames Instrument gibt uns hierfür die Methode der Achtsamkeit an die Hand. Halten Sie inne, bevor Sie in Ihrem Alltag eine Entscheidung fällen. Atmen Sie einige Male bewusst ein und aus und fragen Sie sich: »Was spüre ich jetzt?« Je bewusster Sie mit all Ihren Sinnen im Augenblick leben, desto klarer können Sie die Signale empfangen, die Ihnen Ihre innere Weisheit sendet. Die Welt ist so laut geworden und wir sind einem solchen Stimmengewirr ausgesetzt, dass es zunehmend schwieriger wird, unsere innere Stimme überhaupt hören zu können. Lassen Sie daher in wichtigen Entscheidungssituationen Lärm und Hektik des Alltags hinter sich. Gehen Sie in die Stille. Hierfür gibt es bewährte Methoden. Meditation ist eine von ihnen: Still sitzen, sich nach innen wenden, bei sich selbst ankommen. Ein Spaziergang in der Natur, Joggen oder Fahrradfahren sind andere. Gerade der regelmäßige Bewegungsablauf lässt den Geist zur Ruhe kommen und eröffnet neue Horizonte. Nehmen Sie sich Auszeiten! Entscheidungen haben weniger mit Wollen oder Machen zu tun, sondern mit Loslassen und Zulassen. Aus einem tieferen und ganzheitlichen Erfassen der Welt, aus der inneren Ruhe erwachsen uns Vertrauen und Weisheit für die Entscheidungen unseres Lebens.

Buchempfehlung: Thomas Gonschior. *Auf den Spuren der Intuition*. Herbig, München 2013

Körperübung: Die Weisheit des Berges

Tiefe Ruhe geht von einem Berg aus, Unerschütterlichkeit, Macht und Weisheit. Ob Sturm oder Regen, Schnee oder Sonnenschein, der Berg ruht gelassen in sich. Dabei ist er alles andere als leblos. Alles auf und in ihm bewegt und wandelt sich stetig, wenn auch so langsam, dass wir es kaum wahrnehmen können. Das Geheimnis des Berges ist die Stille. Wenn Sie zu dieser Stille in sich selbst zurückfinden, kommen Sie in Kontakt mit der tiefen Weisheit, die in Ihnen ruht.

- Begeben Sie sich in eine aufrechte Meditationshaltung Ihrer Wahl. Am besten mit gekreuzten Beinen.
- Lassen Sie die Schultern sinken, während Sie die Wirbelsäule gerade halten und spüren Sie nun die Verbindung zur Erde.

- Nach ein paar Atemzügen heben Sie die Arme seitlich nach oben und bringen Ihre Handflächen in einer betenden Haltung über dem Kopf zusammen.
- Atmen Sie tief in diese stabile Haltung hinein. Spüren Sie, wie Stille und Bewusstheit durch Sie hindurchfließen und sich in Ihnen ausbreiten. Spüren Sie die Stabilität, die Ihnen diese Haltung vermittelt.

Visualisierungsübung: In Dialog mit der inneren Weisheit treten

Ziehen Sie sich für diese Übung an einen ungestörten, ruhigen Ort zurück. Nehmen Sie eine aufrechte Meditationshaltung Ihrer Wahl ein, schließen Sie die Augen, atmen Sie einige Male ruhig ein und aus und sammeln Sie sich. Nehmen Sie nun Kontakt mit Ihrer inneren Weisheit auf. Bitten Sie diese, sich zu zeigen.

Manchen Menschen hilft es, sich die innere Weisheit bildlich vorzustellen, etwa als inneren Meister oder als eine weise Lehrerin. Vielleicht kommt Ihnen auch unwillkürlich ein weiser Mensch in den Sinn, den Sie kennenlernen durften. Stellen Sie nun Ihre Fragen und lauschen Sie tief und vertrauensvoll in sich hinein.

Sie werden überrascht sein, wie deutlich die innere Stimme zu Ihnen sprechen und welch ungeahnte, überraschende und zugleich lebenspraktische Antworten und Lösungen sie Ihnen bieten wird. Wenn Sie auf diesem Wege erst einmal in Kontakt mit Ihrer inneren Weisheit gekommen sind, können Sie diese jederzeit und überall in konkreten Lebensfragen um Rat bitten.

SCHLECHTE LAUNE
Vom Verdruss zum Genuss

Sie sind gerade so richtig mies drauf? Dann kommt die gute Nachricht zuerst: Wer ab und zu mal schlechte Laune hat, braucht sich keine Sorgen zu machen. Jeder darf mal mufflig sein. Allerdings empfiehlt es sich, dem Umfeld mitzuteilen, dass man im Moment besser in Ruhe gelassen wird, bis sich die Stimmung gebessert hat. Denn schlechte Laune gehört zu den wenigen unangenehmen emotionalen Zuständen, unter denen die Umwelt noch mehr leidet als man selbst.

Doch die schlechte Laune erfüllt eine wichtige Funktion in unserem Leben. Sie signalisiert uns, dass etwas nicht in Ordnung ist. Wenn wir diese Stimmung ernst nehmen und sie nicht gleich mit einer aufgesetzten Fröhlichkeit überspielen, tun wir uns einen großen Gefallen. Wir haben nun die Chance, etwas genauer hinzusehen und zu erkennen, was in unserem Leben schiefläuft.

Schlechte Laune stellt sich nämlich oftmals dann ein, wenn Bedürfnisse, die wir haben, nicht erfüllt werden. Sie kann uns ein guter Freund sein, wenn wir bereit sind, auf das zu hören, was sie uns sagt. Jedoch verdrängen wir die unterschwellige Botschaft sehr oft lieber, als uns ihr zu stellen. Werden wir auch noch von anderen auf unsere schlechte Laune angesprochen, explodieren wir förmlich und behaupten das Gegenteil. Anzuerkennen, dass wir nun mal gerade mies drauf sind, ist der erste heilsame Schritt im Umgang mit diesem Gefühl, weil wir akzeptieren, dass uns etwas nicht passt.

Schlechte Laune durch gekünstelte Heiterkeit zu verdrängen ist daher keine gute Lösung. In der Arbeitspsychologie weiß man heute, dass jemand, der immer positive Gefühle – zum Beispiel durch ein Lächeln – vortäuscht, diese Gefühle aber nicht empfindet, deutlich größere Chancen hat, an Burn-out zu erkranken als Menschen, die ihre Emotionen ehrlich zeigen. Vorgespielte oder aufgesetzte gute Laune macht auf Dauer krank, weil die Diskrepanz zwischen dem eigenen emotionalen Erleben und dem Verhalten zu groß ist. Verzichten Sie also darauf, immer gute Miene zum bösen Spiel zu machen, auch im privaten Bereich. Dies bedeutet im Umkehrschluss allerdings nicht, dass Sie nun allen Menschen unter allen Umständen so richtig »die Meinung geigen« sollen, wenn Ihnen diese auf die Nerven gehen. Hilfreicher und konstruktiver ist es, zu versuchen, sich in die Situation und Sichtweise seines Gegenübers hineinzuversetzen.

Was aber, wenn Sie deutlich öfter schlecht als gut gelaunt sind, wenn Ihre Umwelt Ihnen permanent auf die Nerven geht und Sie davon überzeugt sind, dass die anderen daran schuld sind? Dann ist die schlechte Laune vermutlich weniger ein Signal für einen emotionalen Missstand, sondern eine Gewohnheit, die in einer verzerrten Wirklichkeitswahrnehmung gründet. Jetzt ist es an der Zeit, sich selbst und seine eigenen Betrachtungen der Wirklichkeit etwas genauer anzusehen. Wenn wir primär negative Gedanken und Vorstellungen in uns kultivieren, aktivieren diese auch negative Emotionen. Aus diesem Grund wies Buddha seine Mönche und Nonnen immer wieder darauf hin, auf ihre Gedanken zu achten, da diese Einfluss auf unser gesamtes Tun und Erleben haben. Wir können schlechte Laune also entweder kultivieren oder aber ihr den Nährboden entziehen, damit sie nicht mehr ganz so üppig wächst und gedeiht. Für Letzteres ist es wichtig, sich die eigenen Gedanken, Überzeugungen und Werte anzusehen. Ist Ihre Wahrnehmung der Wirklichkeit vielleicht durch eine negative Brille so verzerrt, dass Ihr Fokus immer auf das Unangenehme, Störende oder Nervende gerichtet ist und Ihnen das Angenehme und Schöne gar nicht auffällt? Die entscheidende Frage hierbei ist, wieso nur Sie etwas nervt, was alle anderen anscheinend gar nicht bemerken?

Es geht dabei gar nicht darum, sich ständig mit anderen zu vergleichen, sondern Situationen aus anderen Perspektiven betrachten zu lernen. Um eine andere Perspektive einnehmen zu können, müssen wir bereit sein, positive Bewertungen und Gedanken zuzulassen. Und dies funktioniert eindeutig am besten, wenn wir uns in Lebensfreude und Zufriedenheit üben. Wie dies gelingen kann, verdeutlicht uns niemand eindrücklicher als der große Philosophenbär Pu: »Welcher Tag ist heute?«, fragt Pu der Bär. »Heute ist heute«, antwortet Ferkel. »Oh, das freut mich aber«, sagt Pu der Bär, »denn Heute ist mein Lieblingstag«.

Wenn wir in die großen Weisheitstraditionen des Westens wie des Ostens blicken, so können wir dort einen Grundgedanken finden: Menschen streben nach Glück und meiden das Unangenehme. Dauerhaft schlechte Laune zu haben, bedeutet jedoch genau das Gegenteil. Wir kultivieren das Unangenehme und vermeiden das Angenehme. Machen Sie sich also bewusst, dass Ihre negative Sicht auf Dinge, Ereignisse, Personen Ihre persönliche Brille ist, durch die Sie momentan blicken, durch die Sie aber nicht zwanghaft blicken müssen. Immer wenn Sie schlechte Laune beschleicht, weil jemand oder etwas in Ihren Augen nicht passt, halten Sie inne und versuchen Sie die Situation aus der Perspektive des anderen zu betrachten. Nehmen Sie bewusst wahr, wie sich das anfühlt.

Buchtipp: Alan Alexander Milne. *Pu der Bär. Gesamtausgabe.* Klopp, Hamburg 2009

Körperübung: Reinigungsatem

- Stellen Sie sich mit gegrätschten Beinen auf einen rutschfesten Untergrund. Atmen Sie kraftvoll durch die Nase ein und heben Sie dabei Ihre Arme in den Himmel, die Handflächen zeigen nach vorn.
- Lassen Sie beim Ausatmen den Oberkörper nach unten sinken und Ihre Arme dabei zwischen den Beinen durchschwingen.
- Atmen Sie dabei mit einem lauten »Ha« aus.
- Richten Sie sich mit dem Einatmen wieder auf und wiederholen Sie die Übung ca. 10-mal.
- Stellen Sie sich vor, wie Sie mit jedem »Ha« etwas mehr von Ihrer schlechten Laune loswerden und diese weit hinter sich werfen.

Achtung: Wenn Sie Probleme mit der Wirbelsäule haben, achten Sie darauf, dass die Vorwärtsbewegung nicht zu schwungvoll oder ruckartig verläuft, beugen Sie am besten die Knie an und richten Sie sich sanft Wirbel für Wirbel wieder auf.

Alltagsübung: Positives wahrnehmen

Wie wäre es, sich in der Früh selbst mit einem freundlichen Lächeln zu begrüßen? Denken Sie an etwas, das Sie erheitert, und blicken Sie dabei in den Spiegel. Genießen Sie Ihr eigenes Lächeln!

Achten Sie im weiteren Verlauf des Tages auf alles, was problemlos läuft und was Ihnen Freude bereiten könnte. Nehmen Sie die pünktliche Bahn oder die grüne Ampel auf dem Weg zur Arbeit wahr, den freundlichen Blick des Zeitungsverkäufers … Wenn Ihnen bislang nur der kaputte Kaffeeautomat einen Gedanken wert war, dann nehmen Sie auch zur Kenntnis, wenn er wieder funktioniert. Machen Sie sich vor allem die kleinen Dinge des Alltags bewusst, die gut laufen oder angenehm sind. Und nehmen Sie das positive Gefühl wahr, das dabei in Ihnen entsteht. Üben Sie sich immer wieder für einige Sekunden darin, dieses Gefühl ganz bewusst zu erleben. Stellen Sie sich vor, wie es durch Ihren Körper strömt und sich auf diese Weise noch verstärkt.

UNZUFRIEDENHEIT
Wie Sie zu mehr Lebensfreude finden

»Wir müssen uns in den Dingen üben, die glücklich machen«, erkannte Epikur bereits vor mehr als 2000 Jahren. Der griechische Philosoph wusste offensichtlich sehr genau, wie ungeschickt wir darin sind, glücklich zu sein, und wie leicht es uns fällt, Gründe dafür zu finden, dass es uns schlecht geht. Wir scheinen weit mehr in der Kunst des Unglücklichseins als in der Kunst der Lebensfreude geschult zu sein. Dabei tragen wir doch die Sehnsucht in uns, das Leben mit allen Sinnen intensiv spüren, es mit Herz, Kopf und Bauch erfahren zu können, also ein erfülltes Leben zu führen. Weshalb, um Himmels willen, fällt uns dies nur so schwer? Weshalb überfällt uns immer wieder das beunruhigende Gefühl, dass unser Leben ganz woanders stattfindet, nur nicht da, wo wir gerade sind?

Enttäuscht starren wir auf das halb leere Glas, anstatt uns am halb vollen zu erfreuen. Immerzu verlangen wir nach dem, was uns fehlt, anstatt das wertzuschätzen, was wir haben. In unserer materialistischen Zeit erscheint uns das Haben wichtiger als das Sein. Wir lassen uns einreden, dass wir zufriedener wären, wenn wir noch mehr hätten. Dabei ist es genau die Jagd nach materiellen Dingen, die uns so rastlos und unzufrieden macht. Die Weisen haben es schon immer gewusst: Reich ist nicht, wer viel hat. Reich ist, wer wenig braucht. Epikur suchte daher im einfachen Leben das Vergnügen, wissend, dass jeder Exzess unweigerlich Leid mit sich bringt. Je maßvoller die eigenen Bedürfnisse sind, desto einfacher sind sie zu erfüllen und desto mehr Zeit bleibt für das, was wirklich wichtig ist im Leben: zwischenmenschliche Beziehungen, in denen wir Liebe, Vertrauen und Geborgenheit erfahren. Das stabilste Fundament für Zufriedenheit und die stärksten Glücksquellen, so brachten neueste Forschungsergebnisse zutage, bilden Partnerschaft, Familie und Freundschaft.

»Warum verschiebt ihr die Freude auf morgen?«, fragte Epikur zu Recht. Weshalb gelingt es uns so selten, den heutigen Tag zu genießen? Warum bohren wir exzessiv in alten Wunden herum, anstatt uns zu gestatten, schmerzfrei und glücklich zu leben? Aus buddhistischer Sicht ist unser stetig unzufriedener Geist die Ursache für unser Unglücklichsein. Als Gegenmittel empfiehlt der Buddhismus, seinen Geist darin zu üben, das Positive und Schöne wahrnehmen zu können und sich an den einfachen Dingen des Lebens zu erfreuen. Auch der Positiven Psychologie zufolge hängen Lebensfreude und Zufriedenheit ganz entscheidend von einer optimistischen Haltung dem Leben gegenüber ab. Dass diese Haltung erlernt werden kann, ist mittlerweile durch neurobiologische Forschungen bestens belegt. Wir können uns tatsächlich in einer optimistischen Lebenshaltung schulen und einen Lebensweg wählen, auf dem wir Zufriedenheit erlangen. Wer sich gezielt auf das Gute und Schöne im alltäglichen Leben besinnt, in dessen Gehirn wird eine positive Grundeinstellung und Lebensfreude einprogrammiert und nachhaltig verankert.

Schärfen Sie daher den Blick gezielt für die kleinen und kostbaren Dinge des Lebens. Spüren Sie die Dankbarkeit, die Ihnen daraus erwächst. Dankbarkeit ist der eigentliche Schlüssel für Zufriedenheit. Dankbare Menschen können die kleinen Freuden im Leben wahrnehmen und die einfachen Dinge wertschätzen, sie gehen mit offenen Sinnen durch die Welt und erblicken die Schönheit in allem. Sie erfreuen sich am ersten Schnee ebenso wie an den Sonnenstrahlen des Frühlings. Sie jagen dem Glück nicht hinterher, sondern laden es in ihr Leben ein und lassen es geschehen.

Wir können diese guten Erfahrungen sogar noch intensivieren, indem wir sie mit anderen Menschen teilen. Wenn zwei oder mehrere Menschen sich gemeinsam an etwas erfreuen, springen deren positive Gefühle wie in einer Art Kettenreaktion hin und her. »Das Gute ist umso ergiebiger vorhanden, desto mehr wir darüber reden«, erkannte der englische Dichter John Milton. Deshalb ist es so wichtig, dass wir uns Geschichten erzählen von den kleinen und großen Momenten der Menschlichkeit. Geschichten, die unser Herz öffnen und unsere Lebensfreude aktivieren. Allzu oft nehmen wir die vielen angenehmen Dinge des Alltags als selbstverständlich hin: die erfrischende Dusche am Morgen, die köstliche Mahlzeit im Kreise von Freunden, die wohlige Wärme der Heizung. Und vergessen dabei, wie viele Menschen in dieser Welt nicht so viel Glück haben. Dass viele nicht einmal genügend Wasser und Nahrung erhalten und dass sogar in Deutschland Menschen bei klirrender Kälte auf der Straße leben müssen. Wenn wir uns dessen bewusst werden, dann wächst mit der Dankbarkeit für das eigene Leben auch der Wunsch, dessen Fülle zu teilen und Fürsorge für unsere Mitmenschen in Not zu entwickeln.

Großzügigkeit bereichert das eigene Leben. Teilen macht glücklich. Das Streben nach Glück verbindet uns mit allen Menschen auf dieser Welt. Daher ist das eigene Glück auf das Engste mit dem Glück der anderen verbunden. Und eines der einfachsten Rezepte für ein zufriedenes Leben – so brachten neue Forschungsergebnisse zutage – besteht darin, andere Menschen glücklich zu machen. Probieren Sie es aus!

Buchtipp: Rick Hanson. *Denken wie ein Buddha. Gelassenheit und innere Stärke durch Achtsamkeit*. Irisiana, München 2013

Körperübung: Lach-Yoga

Wir müssen mit dem Lachen nicht warten, bis sich etwas Lustiges ereignet. Wir können in jedem Moment unseres Lebens lächeln oder gar ein großes Gelächter anstimmen. Lachforscher haben festgestellt, dass willentlich herbeigeführtes Lachen vergleichbare psychologische Effekte auf den Körper hat wie spontanes Lachen. Lachen schüttet Glücksbotenstoffe aus. Wir fühlen uns augenblicklich entspannter und gelöster. Wer viel lacht, ist rundum glücklicher.

Fangen Sie gleich jetzt damit an. Stellen Sie sich vor, dass Sie sich eine Humorbrille aufsetzen. Bilden Sie aus Daumen und Zeigefinger einen Kreis und halten Sie diese wie eine Brille vor Ihre Augen. Lächeln Sie nun allem zu, was Sie durch Ihre Humorbrille sehen können.

Lassen Sie Ihr Lächeln in ein kräftiges Lachen münden. So schulen Sie sich darin, allem im Leben etwas Positives abzugewinnen und mit einem lachenden Auge zu begegnen. Das mag sich am Anfang etwas gekünstelt anfühlen, doch versuchen Sie es trotzdem.

Leichter und lustiger ist es natürlich, gemeinsam mit anderen zu lachen. Vielleicht verspüren Sie Lust, sich mit anderen Menschen zum gemeinsamen Lach-Yoga zu treffen?

Achtsamkeitsübung: Dankbarkeit entwickeln

»Wäre das Wort ›Danke‹ das einzige Gebet, das du je sprichst, so würde es genügen«, sagte Meister Eckhart, der große Mystiker des christlichen Mittelalters. Die Dankbarkeit ist der Königsweg zum Glück. Sie unterstützt uns darin, sich der vielen Geschenke, die das Leben uns jeden Tag bietet, bewusst zu werden. Ihr liegt die Erkenntnis zugrunde, dass nichts, was wir besitzen, selbstverständlich ist. Damit vermittelt sie uns die Fähigkeit, zu staunen und alles wertzuschätzen, was uns auf unserem Lebensweg begegnet.

Blicken Sie am Abend mit Dankbarkeit auf all die kleinen und großen Geschenke zurück, die Ihnen das Leben gemacht hat. Lassen Sie hierfür in Gedanken den Tag noch einmal Revue passieren. Erinnern Sie sich an die Begegnungen mit Menschen, den unerwarteten Sonnenschein, den leckeren Cappuccino im kleinen Straßencafé. Es gibt so viele Gelegenheiten, sich zu erfreuen. Wir müssen sie nur wahrnehmen und wertschätzen können.

Um diese Momente zu bewahren und im Gedächtnis zu speichern, können Sie sich ein Dankbarkeitstagebuch anlegen, in das Sie jeden Abend Situationen, Begegnungen und Menschen eintragen, für die Sie dankbar sind. Notieren Sie sich täglich mindestens fünf Dinge, für die Sie dankbar sind. Dies verändert unseren Blick auf die Welt und das Leben enorm. Sie beginnen, all das Gute in Ihrem Umfeld schätzen zu lernen, das Sie bislang gedankenlos und unachtsam hinnahmen. Bald schon werden Sie feststellen können, wie sich in Ihrem Leben mehr Zufriedenheit und Lebensfreude ausbreiten.

ANTRIEBSLOSIGKEIT
Sich neu für das Leben begeistern

»Alles beginnt mit der Sehnsucht, immer ist im Herzen Raum für mehr, für Schöneres, für Größeres«. Die Dichterin Nelly Sachs wusste um die schöpferische Kraft der Sehnsucht, die uns vorantreibt, motiviert und inspiriert. Wir alle tragen sie in uns. Mitunter jedoch ist sie verschüttet und fristet ein Schattendasein. Dann fühlen wir uns stumpf, müde und antriebslos. Es ist, als ob der vibrierende Draht zum Leben gekappt wäre. In diesem Zustand sind wir eine leichte Beute für Pessimismus und Lethargie. Die buddhistische Psychologie erblickt daher in der Trägheit eines der fünf Geistesgifte. Wir versinken in Gewohnheiten und schrecken vor allem Neuen zurück. Gelangweilt hängen wir vor dem Fernseher, essen und trinken zu viel und hoffen auf bessere Zeiten. Wir leben in den Tag hinein, als ob uns alle Zeit der Welt zur Verfügung stünde.

Doch das Leben, dieses einzigartige Leben, findet nicht irgendwann in der Zukunft statt, sondern hier und jetzt. Es vollzieht sich unablässig, während wir noch darauf warten, dass es endlich geschieht. In all seiner Fülle liegt es ausgebreitet vor uns und bietet uns eine Vielzahl an einzigartigen Gelegenheiten. Wir müssten nur unsere Hände ausstrecken, um sie am Schopf zu packen. Denn das Leben schenkt sich dem, der es zu ergreifen und wertzuschätzen weiß.

Wenn uns dies bewusst wird und wir unsere kostbare Lebenszeit nicht verplempern wollen, bleibt uns gar nichts anderes übrig, als uns auf den Weg zu machen. Und wenn wir möchten, dass sich etwas bewegt, müssen wir uns zuerst selbst bewegen. Schlüpfen Sie in Ihre Sportschuhe und laufen Sie los! Schwingen Sie sich aufs Fahrrad und treten Sie in die Pedale! Rollen

Sie Ihre Yogamatte aus und dehnen Sie Ihre Muskeln. Bewegung bringt neuen Schwung ins Leben, sie weckt die Lebensgeister, regt unsere grauen Zellen an und entfacht die Neugier aufs Leben. Überlegen Sie, welche Form der Bewegung Ihnen liegt, worauf Sie Lust haben, was Ihnen Spaß machen könnte. Und dann tun Sie es! Verlassen Sie die Komfortzone des heimischen Sofas und springen Sie in das Abenteuer des Lebens.

Oft ist es die Angst vor dem Risiko oder einem möglichen Scheitern, die uns vor Neuem zurückschrecken lässt. Dann bevorzugen wir es, in einer vertrauten, wenn auch unbefriedigenden Situation zu verharren, anstatt uns dem Unbekannten auszuliefern. Dass wir diese Entscheidung zwischen Stagnation und Motivation immer wieder neu treffen müssen, darauf weist Abraham Maslow, der Gründervater der Humanistischen Psychologie, hin: »Man kann wählen, ob man einen Schritt zurückgehen und sich für das Sichere entscheiden oder nach vorne schauen will, wo Wachstum und Entwicklung möglich sind. Für die Entwicklung muss man sich immer wieder entscheiden, Angst muss stets aufs Neue überwunden werden.«

Ja, natürlich erfordert es Mut, altvertraute Sicherheiten hinter sich zu lassen und sich für Neues zu öffnen. Allein schon das Wort »Veränderung« kann ein mulmiges Gefühl in der Magengrube bereiten, weil wir befürchten, wir müssten nun umgehend alles hinwerfen, unseren Partner verlassen, den Job kündigen und ein völlig neues Leben beginnen. Doch so dramatisch sind Veränderungen meist gar nicht. Worum es geht, ist Abschied zu nehmen von Gewohnheiten, die uns nicht guttun; von Menschen, die uns einengen; von Einstellungen, die unser Leben klein machen; von Lebensumständen, die uns träge und passiv werden lassen. Es geht darum, auch einmal ein Risiko einzugehen und etwas zu wagen. Die eigenen Grenzen zu erweitern und zu überschreiten. »Spring und das Netz wird auftauchen«, versichert uns eine alte Lebensweisheit. Durch das, was wir riskieren, zeigen wir unser wahres Ich und was wir uns wert sind. Je mehr wir uns dabei von althergebrachten Vorstellungen über uns selbst lösen, desto mehr Freiheiten eröffnen sich uns.

Manchmal hilft es, das Leben von seinem Ende her zu denken. Denn wir glauben immer, wir hätten noch so viel Zeit. Was, wenn dies nicht der Fall wäre? Halten Sie einmal inne und stellen Sie sich mutig die Frage: Wenn ich jetzt sterben müsste, was würde ich bereuen, nicht getan zu haben?

Haben Sie genug getanzt, gelacht, geliebt? Ausreichend Dummheiten gemacht? Genug von der Welt gesehen? Laden Sie all das bislang Versäumte in Ihr Leben ein. Fördern Sie das noch nicht Gelebte und viel zu lange Verdrängte ans Tageslicht. Hilfreich sind Begegnungen mit Menschen, die Ihnen neue Impulse geben. Was wollten Sie denn schon immer lernen? Flamenco zu tanzen? Klavier zu spielen? Was wollten Sie schon immer wagen? Mit Delfinen zu schwimmen, sich in einem Heißluftballon in die Lüfte zu erheben, sich auf einen Pilgerweg zu machen? Schreiben Sie alles auf, was Ihnen dazu einfällt. Alle Verrücktheiten, die Sie in Ihrem Leben noch nicht getan haben, die Sie aber gern realisieren würden. Geben Sie Ihren Träumen, innersten Wünschen und brennenden Sehnsüchten die Gelegenheit, sich zu zeigen. Erst wenn Sie eine Vorstellung davon haben, was Sie sich vom Leben erhoffen, können Sie diese in die Welt bringen und Gestalt annehmen lassen.

Hören Sie auf Ihre Träume! Träume weisen den Weg zu unserer Sehnsucht. Mit ihnen im Gepäck können wir uns auf die Schatzsuche nach dem machen, was uns wirklich wichtig ist. Und beherzigen Sie den Ratschlag des Schriftstellers Mark Twain: »In zwanzig Jahren wirst du eher die Dinge bereuen, die du nicht getan hast, als diejenigen, die du getan hast. Also wirf die Leinen los und segle fort aus deinem sicheren Hafen. Fange den Passat in deinen Segeln. Forsche. Träume. Entdecke.«

Buchtipp: Sabine Asgomon. *Lebe wild und unersättlich!* Kösel, München 2009

Atemübung: Die Feueratmung

Die Feueratmung ist eine der aktivierendsten Atemformen, die der Yoga entwickelt hat. Sie erwärmt und energetisiert den Körper, sie schenkt neuen Antrieb und verbessert die Laune. Sie werden feststellen, dass Sie nach der Übung über einen Zuwachs an Lebensenergie und Wachheit verfügen und sich gestärkt für neue Aufgaben fühlen.

- Kommen Sie in einen aufrechten und bequemen Sitz Ihrer Wahl. Verwurzeln Sie sich bewusst mit der Erde, die Sie trägt.
- Entspannen Sie Ihre Atmung und lauschen Sie eine kleine Weile dem Kommen und Gehen des Atems.
- Beginnen Sie nun mit dem Feueratem. Atmen Sie dafür in gleicher Intensität schnell und rhythmisch durch die Nase ein und aus.
- Jedes Mal, wenn Sie ausatmen, ziehen Sie bewusst den Nabel etwas ein, jedes Mal, wenn Sie einatmen, entspannen Sie die Bauchdecke.
- Finden Sie einen Rhythmus, indem Sie ganz entspannt üben können. Beginnen Sie anfangs mit etwa einer Minute, wenn Sie geübt darin sind, können Sie die erhitzende Atmung bis zu drei Minuten durchführen.

- Bleiben Sie anschließend noch eine kleine Weile in der Meditationshaltung sitzen und spüren Sie, wie neue Energie durch Ihren Körper fließt.

Imaginationsübung: Potenziale entfalten

Ziehen Sie sich für diese Übung an einen ungestörten Ort zurück. Legen Sie ein Notizheft und einen Stift bereit.

Stellen Sie sich nun einmal der ungewöhnlichen Frage: Wenn ich fünf weitere Leben geschenkt bekäme, welchen Beruf bzw. welche Berufung würde ich wählen? Lassen Sie Ihrer Fantasie freien Lauf und zensieren Sie sich nicht.

Schreiben Sie Ihre Traumberufe nieder. Schauen Sie sich danach die Liste an und nehmen Sie sich vor, noch in dieser Woche aktiv zu werden. Sie werden vielleicht keine Opernsängerin mehr werden, doch nutzen Sie in dieser Woche jede Chance, um zu singen. Vielleicht entscheiden Sie sich auch, einem Freizeitchor beizutreten und gemeinsam mit anderen zu singen? Sie werden vermutlich auch kein Arzt mehr werden, doch suchen Sie in dieser Woche nach Gelegenheiten, mehr über Körper und Gesundheit zu erfahren und anderen Menschen bei gesundheitlichen Problemen zur Seite zu stehen. Wenn Sie gern ein Maler geworden wären, gehen Sie doch heute noch los und kaufen sich Malutensilien oder buchen einen Zeichenkurs bei der Volkshochschule.

Was immer Sie für fiktive Berufe aufgeschrieben haben – in diesen Wünschen ist ein Potenzial zu finden, das Sie in Ihrem Leben verwirklichen können. Werden Sie aktiv! Erwecken Sie brachliegende Träume zum Leben!

FREUDLOSIGKEIT

Wie das Leben zu einem großen Fest wird

Erinnern Sie sich an Augenblicke in Ihrem Leben, in denen Ihr Herz ganz weit und weich wurde vor Glück? In denen die Fülle des Lebens Ihren Körper durchströmte und fast zu sprengen drohte? Vielleicht lagen Sie in den Armen eines geliebten Menschen, vielleicht auch saßen Sie allein auf einem Felsen und sahen die Sonne über dem Meer untergehen. Momente der Gnade! Sie fallen uns zu. Willentlich können wir sie nicht herbeiführen. Doch wir können sie in unser Leben einladen. Und wann wäre hierfür eine bessere Gelegenheit als jetzt?

Leider wurde diese unmittelbare Freude am Leben vielen von uns schon als Kind ausgetrieben. Unsere frühe Begeisterungsfähigkeit fiel der Skepsis Erwachsener zum Opfer, deren pulsierender Draht zum Leben bereits unterbrochen war. Und so lernten wir, uns zu kontrollieren und zu begnügen. Der Preis, der zu entrichten war, ist hoch. Der Verlust schmerzt bis heute.

Wer wieder Zugang erhalten möchte zu seiner ursprünglichen Lebensfreude, sollte daher den Kontakt zu seinem inneren Kind suchen. Dieses empfindsame und begeisterungsfähige Kind, so lehrt uns die moderne Psychologie, lebt in uns. Mit seiner Unterstützung können wir uns erneut verzaubern lassen von der Welt und staunend die Wunder des Lebens entdecken, ganz so, wie es Rainer Maria Rilke in einem Gedicht schrieb: »Du musst das Leben nicht verstehen, dann wird es werden wie ein Fest. Und lass dir jeden Tag geschehen, so wie ein Kind im Weitergehen von jedem Wehen sich viele Blüten schenken lässt«.

Wie wäre es also, wenn Sie jetzt einmal Ihr inneres Kind entscheiden ließen, was es gerne tun möchte? Sie haben es in all den Jahren genug gegängelt und gemaßregelt. Dabei weiß es doch am besten, was Ihnen Spaß machen könnte. Fragen Sie es, was es jetzt machen will! Vielleicht mag es Purzelbäume auf einer Sommerwiese schlagen, durch den Regen rennen und mit vollem Schwung in die Pfützen springen. Lassen Sie es! Sie selbst werden dabei einen Heidenspaß haben!

Denn immer geht es darum, im Augenblick zu leben. Als Kind taten wir das. Als Erwachsener haben wir es verlernt. Doch die frohe Botschaft ist: Wir können uns diese Fähigkeit jederzeit zurückerobern. Beginnen Sie damit, all Ihre Sinne auf Empfang zu stellen, um die Intensität des jetzigen Augenblicks auszukosten. Riechen, schmecken, sehen, hören und spüren Sie! Öffnen Sie sich mit Ihren Sinnen für die vielen überraschenden Eindrücke und Empfindungen, die das Leben für Sie bereithält. Dies ist der erste Schritt zu einem intensiv erlebten Leben. Doch das ist noch nicht alles: Sie können sich jederzeit entscheiden, worauf Sie Ihre Aufmerksamkeit richten wollen. Das, worauf Sie fokussieren, erhält Bedeutung und Stärkung in Ihrem Leben. Schauen Sie sich um. Hören Sie hin. Was können Sie gerade jetzt in Ihrer Umgebung entdecken, das Ihnen Freude bereitet und ein gutes Gefühl beschert? Je achtsamer wir diese Momente wahrnehmen und umso intensiver wir sie genießen können, desto effektiver prägen sie sich als Glücksspuren unserem Gehirn ein und werden als positive Lebenseinstellung nachhaltig verankert. Wer Schönes in alltäglichen Dingen zu finden vermag, wer positive Erlebnisse wahrnehmen und vermehren kann, befindet sich auf einem Glücksweg par excellence.

Fragen Sie sich: Was macht mich glücklich? Was sind meine Quellen der Freude? Und dann fördern Sie diese. Lassen Sie sie sprudeln und sich in Ihrem Leben verströmen. Die Freude ist eine der größten Heilenergien. Sie stärkt und stimuliert unsere physischen und mentalen Selbstheilungskräfte. Und sie ist reine

Herzensenergie. Werden Sie daher aufmerksam für die vielen kleinen Freuden des Alltags.

Mit einem offenen Herzen können wir unsere Gefühle in all ihrer Intensität erfahren. Wir erfahren das, was der Philosoph Paul Ricoeur die »Zweite Naivität« nannte – einen Zustand ehrlicher und spontaner Gefühlsreaktionen, abgeschmeckt mit Weisheit und Erfahrung. Der Weg dorthin führt durch die Erkundung und Anerkennung *all unserer* Emotionen. Um das Leben in seiner Fülle erfahren zu können, müssen wir die gesamte Palette der emotionalen Farbskala in das eigene Leben integrieren: weinen über das, was schmerzt, lachen, wenn wir glücklich sind, und wütend werden über das, was unsere Integrität verletzt. Gefühle sind elementare Kräfte unserer Lebensenergie und jedes Gefühl hat seine eigene Schwingung und Aufgabe. Sie sind wesentlich für unsere Gesundheit und unser Wohlbefinden. Um diese Gefühle auszudrücken, können wir sie tanzen, singen, spielen, aufschreiben, malen oder anderweitig ausdrücken. Jeder Mensch verfügt hierfür über eigene kreative Gestaltungsformen.

Je vertrauter uns unsere Gefühle sind, desto einfacher ist es auch, freudige und glückliche Momente in unserem Leben zu fördern. Laden Sie die Freude in Ihr Leben ein. Das einzige, was Sie dafür tun müssen, ist sich ihr zu öffnen.

Ein kleiner Tipp: Legen Sie sich ein Tagebuch zu, in dem Sie all die Momente des großen und des kleinen Glücks aufzeichnen. Wenn Sie die Sternstunden Ihres Lebens sammeln, können Sie auch in schwierigen Zeiten darauf zurückgreifen.

Machen Sie sich bereit für das große Fest des Lebens. Schmücken Sie Ihre Wohnung mit Blumen und mit Dingen, die Sie glücklich machen. Laden Sie Menschen ein, junge und alte, weise und unerfahrene, und erklären Sie sich gegenseitig die

Welt, als ob Sie diese zum ersten Mal sehen würden. Decken Sie die Festtafel Ihres Lebens und halten Sie Mahl mit all den Menschen, die Sie lieben. Und spielen Sie mit Kindern und jungen Hunden. Von ihnen erfahren wir alles, was wir über Lebensfreude wissen müssen.

Buchtipp: John Bradshaw. *Das Kind in uns. Wie finde ich zu mir selbst.* Droemer Knaur, München 2000

Körperübung: Der Tanz des Lebens

Kennen Sie die Darstellungen des indischen Gottes Shiva, der inmitten des kosmischen Flammenkreises den ekstatischen Tanz des Lebens tanzt? Shivas Tanz ist Ausdruck eines dynamischen Kosmos, in dem sich alles, selbst die feste Materie, in vibrierender Schwingung befindet. Was die indische Mythologie immer schon wusste, bestätigt uns die moderne Quantenphysik: Alles in diesem Universum ist in unablässiger Bewegung, alles ist im ständigen Wandel begriffen. Auch unser Körper ist Teil dieser Energie. Vitalität und Lebensfreude sind untrügliche Zeichen dafür, dass wir mit der Schwingung des Kosmos verbunden sind. Im Tanz geben wir dieser Energie Ausdruck. Selbst der strenge Kirchenvater Augustinus wusste um die positive Wirkung des Tanzes: »Ich lobe den Tanz, denn er befreit den Menschen von der Schwere der Dinge.«

Schwingen Sie sich ein in den Rhythmus des Lebens, erheben Sie sich über die Sorgen des Alltags, feiern Sie Ihre Existenz! Tanzen Sie, so oft und wo immer Sie können! Mit anderen oder allein. Machen Sie Ihr Wohnzimmer zum Dancefloor. Legen Sie Ihre Lieblingsmusik auf und lassen Sie sich vom Rhythmus davontragen.

Die Musik ist eine große Verführerin, die unseren Körper

umgehend zur Bewegung verlockt. Wenn wir uns ihr hingeben, befreien wir unseren Körper von Verspannungen und Blockaden und öffnen unseren Geist und unser Herz für die Schwingung des Lebens. Nicht von ungefähr erkannte der große sufische Liebesmystiker Rumi: »Erst seit ich tanze, lebe ich.«

Meditation: In Kontakt mit dem inneren Kind kommen

Begeben Sie sich an einen ungestörten und ruhigen Ort. Nehmen Sie eine aufrechte Meditationshaltung Ihrer Wahl ein, schließen Sie die Augen und treten Sie eine Zeitreise in Ihre Vergangenheit an. Erinnern Sie sich an eine Begebenheit in Ihrer Kindheit, die Ihnen sehr eindrücklich in Erinnerung ist, sei es, weil Sie sehr glücklich oder auch sehr traurig waren. Was erlebten Sie? Wie alt waren Sie? Woran erfreut sich dieses Kind? Womit spielt es? Worüber ist es traurig? Worüber lacht es und worüber weint es?

Fragen Sie sich nun als erwachsener Mensch: Was braucht mein inneres Kind? Wonach sehnt es sich? Welche Bedürfnisse sind ungestillt? Spüren Sie dem mit all Ihren Sinnen nach. Nehmen Sie diese Frage tief in Ihr Herz hinein.

Vielleicht möchten Sie nach der Meditation einen Brief an Ihr inneres Kind schreiben, es trösten, ihm danken und ihm zusichern, dass Sie immer für es da sein werden. Bitten Sie es, Ihnen zu vertrauen und Ihnen zu sagen, was es sich wünscht und was es und damit auch Sie glücklich machen würde.

INNERE LEERE
Zum Sinn des eigenen Lebens finden

Als der Buddha im Sterben lag und seine Schüler ihn um eine letzte Unterweisung baten, sagte er: »Finde dein eigenes Licht.« Diese Aufforderung gilt für jeden von uns. Und sie ist nicht leicht zu erfüllen. Denn sie bedeutet, sich auf die Suche nach dem eigenen Wesenskern zu machen. Und damit das eigentliche Wagnis des Lebens einzugehen: sich zu einer riskanten Reise aufzumachen und an den Ort zu gehen, wo die ultimative Frage des Lebens auf jeden von uns wartet: Wer bin ich? Alle Weisheitstraditionen und Philosophien dieser Welt versuchen, darauf eine Antwort zu geben. Und so hilfreich es auch sein mag, sich auf einen spirituellen Übungsweg zu begeben und weise Menschen um Rat zu fragen – finden kann die Antwort auf diese Frage letztlich jeder nur im eigenen Inneren.

Doch seien wir ehrlich: Die meiste Zeit bevorzugen wir es, an der Oberfläche des Lebens dahinzugleiten. Wir suchen uns Ablenkungen jeglicher Art, um nur ja nicht den Weg in die eigene Tiefe antreten zu müssen. Wir tun alles Mögliche, um das Gefühl der Leere nicht zu spüren, von dem wir immer wieder heimgesucht werden. Und die Konsumgesellschaft trägt ihr Möglichstes dazu bei, diese Leere mit ständig neuen, sinnlosen Produkten zu füllen. Wir schlemmen und shoppen, jagen von einer Befriedigung zur anderen und finden doch keine Erfüllung. Ruhelos streifen wir auf der Suche nach Sinn durchs Leben. Nicht wenigen gerät das Sehnen dabei zur Sucht. Doch auch wenn unsere Sehnsucht immer wieder seltsame Blüten treibt – letztlich hat sie doch nur das eine Ziel: unserem Leben Sinn zu geben. Denn wir spüren es sehr wohl, dass uns einzig die Entdeckung des eigenen Lebenssinns zu einem erfüllten Leben verhelfen kann. »Wir verlangen, das Leben müsse einen Sinn haben, aber es hat nur ganz genau so viel Sinn, als wir selber ihm zu geben imstande sind«, gab uns der Schriftsteller Hermann Hesse mit auf den Weg.

Herausgefallen aus dem traditionellen Sinngebäude der Religion, das den Menschen früher noch Halt gab, machen wir uns heute auf die Suche nach neuen Lebensinhalten. Das wachsende Interesse an der Spiritualität ist deutlicher Ausdruck dieses Strebens nach Selbsterkenntnis in der modernen Welt, deren Materialismus die tiefer gehende Sehnsucht des Menschen nicht befriedigen kann. Die entscheidenden Fragen bleiben: Wofür lohnt es sich morgens aufzustehen? Was inspiriert mich? Was ist meine Berufung? Was ist das ganz Eigene, das durch mich in die Welt gebracht werden will? Jeder Mensch trägt die Fähigkeit zu einem gelingenden Leben in sich. Jeder hat Begabungen, auch wenn sie noch unentdeckt sind. Jeder hat eine Lebensaufgabe, auch wenn er sie noch nicht gefunden hat. Es ist an jedem von uns herauszufinden, was das Leben von ihm will, sich zu fragen: Was sind meine Talente, meine Fähigkeiten, die ich der Welt zur Verfügung stellen kann? Welche Vision habe ich? Welchem Stern folge ich auf meiner Lebensreise?

Wer Antworten auf diese Fragen findet, vermag auch schwierige Lebenssituationen zu bewältigen. »Wer ein Warum zum Leben hat, erträgt fast jedes Wie«, erkannte der Philosoph Friedrich Nietzsche. Und wer könnte dies glaubhafter bezeugen als der Psychologe und große Humanist Viktor Frankl, der sich einst in Auschwitz vor die Aufgabe gestellt sah, seinen Glauben an das Leben zu bewahren. An diesem Ort des Schreckens reifte seine Existenzanalyse, die von einem unzerstörbaren Vertrauen in die Menschen und die Menschlichkeit zeugt. Sie ist getragen von der Überzeugung, dass es uns möglich ist, auch dem Leiden einen Sinn abzuringen und unserem Leben bis zum letzten Atemzug eine Bedeutung zu geben.

Denn jeder Mensch trägt den Willen zum Sinn in sich. Er braucht etwas oder jemanden, für das oder den es sich zu leben lohnt. Menschsein weist immer über sich selbst hinaus, auf eine höhere Aufgabe, die es zu erfüllen gilt. »Es kommt nicht darauf an, was wir vom Leben wollen, sondern was das Leben von uns will«, schlussfolgerte Viktor Frankl. Erst im Dienst am Leben und in der Liebe zu anderen wird der Mensch ganz Mensch. Das sind die Grundbedingungen für ein gelingendes Leben: sein Potenzial entfalten zu können und sich dabei anderen verbunden zu fühlen. Jeder von uns kennt das Gefühl, mit ganzem Herzen für eine Sache zu brennen, begeistert zu sein von dem, was man tut, sich mit vollem Engagement für etwas einzusetzen, gemeinsam mit anderen Menschen über sich selbst hinauszuwachsen und sich in Liebe verbunden zu wissen. »Selbsttranszendenz« nannte Viktor Frankl diese Fähigkeit, aus sich herauszutreten und in der Hingabe an etwas Größeres aufzugehen. Dies sind die wesentlichen Momente unseres Menschseins. Je mehr wir davon erleben können, desto erfüllter erfahren wir unser Leben. Wir fühlen uns geborgen und aufgehoben in etwas, das weit größer ist als wir selbst, erkennen eine Anbindung an etwas Allumfassendes und Mächtiges, das wir auch das Göttliche nennen können. Ein tiefes Gefühl von Sinnhaftigkeit und Verbundenheit, das letztlich keine Erklärungen mehr braucht, erfüllt uns. Es ist eine Heimkehr in den tiefen Urgrund des Lebens.

»Wenn durch einen Menschen mehr Liebe und Güte, ein wenig mehr Licht und Wahrheit in der Welt waren, hat sein Leben einen Sinn gehabt«, schrieb der Jesuit und Widerstandskämpfer Alfred Delp. Er selbst hatte sich unter Einsatz seines Lebens der

Unmenschlichkeit des Nationalsozialismus entgegengestellt. Weit über seinen Tod hinaus wirkt das Licht der Menschlichkeit fort, das er durch sein Handeln entzündete.

Tragen auch Sie dazu bei, die Welt durch Ihre Anwesenheit zu einem besseren Ort zu machen. Setzen Sie sich Ziele, schaffen Sie sich Aufgaben. Machen Sie einen Unterschied. Manchmal reicht schon ein Lächeln, ein Trost zur rechten Zeit, eine Hand auf der Schulter, eine kleine Freude, die wir einem anderen Menschen bereiten. Setzen Sie Zeichen der Liebe, die Wellen schlagen, sich ausbreiten und die Herzen der Menschen miteinander verbinden.

Buchtipp: Viktor Frankl. *Der Mensch auf der Suche nach Sinn. Zur Rehumanisierung der Psychotherapie.* Herder, Freiburg 1976

Visualisierungsübung: Vorbilder suchen

Setzen Sie sich an einen ruhigen und ungestörten Platz. Nehmen Sie ein Blatt Papier und einen Stift zur Hand. Schließen Sie die Augen und fragen Sie sich: Wer ist ein Vorbild für mein Leben? Wer hat mich Wichtiges über den Sinn des Lebens gelehrt?

Warten Sie, bis sich die ersten Gesichter zeigen. Sie werden vielleicht überrascht sein. Mitunter tauchen die Helden aus Ihrer Kindheit auf, die schon lange vergessen schienen, die Sie aber tief greifend geprägt haben. Manchmal sind es Familienmitglieder, die Ihnen wichtige Lektionen auf Ihren Lebensweg mitgegeben haben. Vielleicht treffen Sie auch auf Persönlichkeiten aus der Geschichte, die Sie bewundern.

Schreiben Sie die Namen derer auf, die Ihnen in den Sinn kommen. Und dann fragen Sie jedes dieser Vorbilder in einem inneren Dialog: Was willst du mich lehren? Wie kann ich meinem Leben Sinn geben?

Es kann sehr hilfreich und motivierend sein, wenn Sie sich Bilder dieser Menschen an einen Ort hängen, wo Sie diese jeden Tag sehen können.

Meditation: Wer bin ich?

Wer bin ich in meinem tiefsten Wesen? Durch den indischen Weisen Ramana Maharshi wurde die Meditation der Selbst-Befragung auf der ganzen Welt bekannt. Sie ist fester Bestandteil der indischen Yoga-Tradition, insbesondere des Jnana-Yogas, dem Yoga der Erkenntnis. Die Selbst-Befragung ist ein meditativer Vorgang, bei dem der Gedanke bis zu seinem Ursprung im Herzen zurückverfolgt wird.

»Wer bin ich?« Mit dieser wiederholten Frage wird die Meditation zu einem Weg nach innen, zu einem Weg zu uns selbst.

Fragen Sie sich mit jedem Einatmen immer wieder: Wer bin ich? Sie werden viele Antworten auf diese Frage finden: Ich bin eine Frau, ein Mann, Mutter, Sohn, Deutscher, Christin, Buddhist, ich bin Künstler, Tierfreundin usw. Geben Sie so viele Antworten, wie Ihnen in den Sinn kommen.

Werden Sie sich bewusst, wie viele Funktionen, Aufgaben und Rollen Sie in Ihrem Leben innehaben. Sie machen es bunt, wertvoll und verbinden es mit vielen anderen Menschen. Doch wenn Sie immer weiter fragen, werden Sie feststellen, dass keine dieser Antworten letztlich ausdrückt, was Sie im tiefsten Grund Ihres Wesens sind.

Wiederholen Sie daher die Frage in jeder Meditation weiter. Sie führt Sie immer tiefer zu Ihrem Wesenskern, dorthin, wo alles seinen Ursprung nimmt und der wahre Sinn des Lebens zu finden ist. Wer also sind Sie?

Übungsregister

Achtsamkeitsübungen

Atemübungen

Alltagsübungen

Körperübungen

Meditationen

Imaginations- und Visualisierungsübungen

Heilrituale